¡Viva con esperanza!

JOYCE MEYER

New York   Boston   Nashville

FaithWords
Hachette Book Group
1290 Avenue of the Americas
New York, NY 10104
www.faithwords.com

Impreso en los Estados Unidos de América

RRD-C

Primera edición: Abril 2015
10 9 8 7 6 5 4 3 2 1

FaithWords es una división de Hachette Book Group, Inc. El nombre y el logotipo de FaithWords es una marca registrada de Hachette Book Group, Inc.

International Standard Book Number: 978-1-4555-3231-5

Y ahora, Señor, ¿qué esperaré? Mi esperanza está en ti.

Salmo 39:7

CONTENIDO

SECCIÓN IV
LA ESPERANZA ESTÁ AQUÍ

INTRODUCCIÓN

En realidad, sin fe es imposible agradar a Dios, ya que cualquiera que se acerca a Dios tiene que creer que él existe y que recompensa a quienes lo buscan. (Hebreos 11:6). Ahora bien, la fe es la garantía de lo que se *espera* (vea Hebreos 11:1). En la Palabra de Dios se nos promete que la fe del tamaño de una semilla de mostaza puede mover una montaña (vea Mateo 17:20). Abraham creyó en *esperanza* de que recibiría la promesa de Dios (ver Romanos 4:18). Algunas personas tratan de tener fe, pero no tienen esperanza. No tienen una expectación positiva de que algo bueno les va a suceder gracias a la gran bondad de Dios. Creo que la esperanza precede a la fe y está conectada con ella. No podemos tener una sin la otra. ¿Cómo podría una persona negativa y sin esperanza caminar y vivir por fe? La persona quizá crea en Dios, pero un hombre o una mujer de fe hacen más que confiar en que Dios está vivo; también creen que Él es bueno, y que es galardonador de los que lo buscan. Esperan y tienen expectación de la bondad de Dios, no porque la merezcan, sino porque Dios promete darla.

He pasado los últimos 38 años de mi vida viajando por el mundo, predicando y enseñando la Palabra de Dios. A lo largo de ese tiempo he conocido muchas personas increíbles; personas como usted. Empresarios, amas de casa, mamás que trabajan, artistas, ministros, empresarios, políticos, voluntarios, mamás solteras, papás solteros. He tenido el privilegio de conocer hombres y mujeres de casi cada manera de vivir.

A algunos les está yendo excelente; al parecer están en la cima del mundo. Otros me han confiado que apenas están pasándola, viviendo día a día, tratando de subsistir. Y muchos otros están tratando con circunstancias tan difíciles que, francamente, se sienten derrotados y abrumados por la vida.

Pero sin importar la persona, y sin importar la situación, he descubierto que hay una cosa que todos necesitan desesperadamente: una cosa que todos *nosotros* necesitamos desesperadamente: esperanza.

La esperanza es la feliz y confiada anticipación de algo bueno. Es una inspiración poderosa y universal, una marea alta que levanta a todos los barcos. Sin importar que estemos batallando para llegar al puerto, atorados en el muelle o navegando confiadamente en el mar, la esperanza mantiene a flote nuestro espíritu, desafiándonos a creer: *¿Sabes qué? Después de todo es probable que todo salga bien.* Es el sentimiento algunas veces inexplicable, pero siempre innegable, de que hoy podría ser un mal día para rendirse. ¡La esperanza es la creencia de que algo bueno está a punto de suceder en cualquier momento!

Por eso es que creo que es necesario un libro sobre la esperanza y que lo ayude a ver las sorprendentes posibilidades de la esperanza. De hecho la Biblia nos dice que es una de las tres cosas que permanece cuando todo lo demás falla (vea 1 Corintios 13:13). Sin importar quién sea usted o la condición en la que se encuentre su vida en este momento, usted no puede funcionar con éxito en la vida sin esperanza. Si las circunstancias son malas, con toda seguridad necesita esperanza, y si son buenas, usted necesita la esperanza de que se mantendrán así. ¡Cuando usted vive en el jardín de la esperanza algo siempre está floreciendo!

Pero tan excelente como es la esperanza, puede ser colocada en el lugar equivocado fácilmente. Si su esperanza está colgada de una persona, es una fuente poco confiable de fuerza. Si su esperanza está colocada en su empleo, su capacidad de hacer dinero o su fondo del retiro, quizá lo decepcione. Si su esperanza descansa en su propia capacidad, se desvanecerá cuando su confianza sea sacudida.

Realmente es muy sencillo: La esperanza es solo tan fuerte como su fuente. Por eso es que el fundamento de nuestra esperanza debe ser Dios y las promesas que se encuentran en su Palabra. Si Dios no es la fuente, la esperanza es solamente una ilusión, un respiro momentáneo. De hecho, la esperanza que lo estoy instando a tener es sumamente distinta de lo que el mundo podría llamar esperanza. La esperanza del creyente está puesta en el inconmovible, todopoderoso, omnisciente y omnipresente único Dios y su Hijo, Jesucristo.

Podría decirlo de esta manera: Sin esperanza en Dios, no hay mucho que pueda hacer, pero *con* esperanza en Dios, no hay mucho que *no pueda* hacer.

La lectura y el estudio dedicados de la Palabra nos muestran lo que sucede cuando los hijos de Dios se atrevieron a vivir con esperanza. A lo largo del Antiguo y el Nuevo Testamentos vemos a personas normales—personas con defectos y fracasos como nosotros—vencer probabilidades imposibles porque decidieron tener la esperanza de que Dios tenía algo increíble en el horizonte…pusieron su fe en Él.

- Aunque el pueblo hebreo había sido esclavo en Egipto durante muchas generaciones, la esperanza de la libertad atrajo a Moisés a soñar con la liberación de sus crueles opresores.

- Mientras el ejército israelita estaba escondido en las trincheras por miedo a Goliat, la esperanza de la victoria llevó a David a preguntar: "¿Qué dicen que le darán a quien mate a ese filisteo y salve así el honor de Israel?" (1 Samuel 17:26).

- Frente al plan maligno de Amán de destruir a su pueblo, la esperanza de que ella podría marcar una diferencia le dio a Ester la valentía para romper con las convenciones y pedir una audiencia con el rey.

- Dejando empleos, amigos e incluso familia atrás, la esperanza de que Jesús podría ser el Mesías

prometido causó que hombres ordinarios lo dejaran
todo y lo siguieran hasta la cruz.

¿Puede ver el amplio alcance de la naturaleza de la esperanza
que hace pedazos las barreras? En cada uno de estos ejemplos bíblicos, la esperanza fue más que un pensamiento motivador o un
soñar despierto; la esperanza era una tormenta de fuego que se
rehusaba a ser apagada de que *nada hay imposible para Dios*.

- Para Moisés, la esperanza rompió las cadenas.
- Para David, la esperanza hizo la pregunta que nadie
  más tenía la valentía de hacer.
- Para Ester, la esperanza creía en contra de todas las
  probabilidades que Dios podría usarla para salvar a
  su pueblo de la destrucción.
- Para los discípulos, la esperanza les dio la valentía
  de embarcarse en una nueva vida y convertirse en
  los que cambiaron al mundo.

Creo que la esperanza puede hacer esas mismas cosas en su
vida. Por eso es que estoy emocionada de que se encuentre leyendo este libro. Y por eso es que estoy emocionada de usar historias, principios bíblicos y lecciones prácticas de la vida que va a
encontrar en cada página para alentarlo a avanzar y *¡vivir con esperanza!* Hágalo a propósito... ¡aférrese apasionadamente y rehúsese
a vivir sin esperanza!

Mire, durante toda su vida, fuera que se haya dado cuenta
o no, el mundo le había estado diciendo: *No se haga esperanzas*.
Las heridas pasadas, las decepciones actuales y las incertidum-
bres del futuro le habían estado enseñando a atemperar sus expectativas: *Sea racional, cálmese, no espere demasiado porque podría
decepcionarse*.

Si la prueba de embarazo sale positiva... *No se haga esperanzas;
recuerde lo que sucedió la última vez*. Si la persona que lo lastimó
se disculpa con usted y quiere arreglar las cosas... *No se haga esperanzas; quizá lo lastime de nuevo.* Una oportunidad emocionante

se abre en el trabajo...*No se haga esperanzas; probablemente no resulte bien.*

Pero una vida sin esperanza no es para nada una vida. Usted quizá diga que está siendo precavido —*mejor prevenir que lamentar, Joyce*—, pero usted en realidad solamente está asustado. Tiene temor de ser herido, temor de ser decepcionado, temor de arriesgarse. El temor puede existir por una buena razón. Probablemente usted ha sido herido severamente en la vida y ha experimentado muchas cosas desalentadoras y decepcionantes. La experiencia le dice que nada va a cambiar, pero la Palabra de Dios nos dice algo mejor. ¡Dice que todas las cosas son posibles para Dios!

¡Es tiempo para un cambio en su vida! Confíe en Dios lo suficiente para esperar lo mejor: la mejor relación, la mejor oportunidad, el mejor matrimonio, las mejores noticias, el mejor resultado, la mejor vida. ¡Espere que le suceda algo bueno hoy!

Dios quiere que usted tenga la mejor vida posible. Si alguna vez duda que eso sea verdad, solo recuerde que Él le dio lo mejor cuando envió a Jesús. Jesús murió para que, si usted acepta su regalo de salvación, pueda disfrutar la eternidad en el cielo; pero Él también murió para que usted pueda disfrutar una buena vida aquí en la Tierra.

En Juan 10:10 Jesús dijo: "Yo he venido para que tengan vida, y la tengan en abundancia".

A medida que avance en la lectura de este libro, espero que vea que Dios quiere que usted "tenga vida [...] en abundancia". Él quiere lo mejor para usted espiritual, mental, emocional, relacional y físicamente; cada año, cada día, cada momento. Y cuando usted sabe que Dios quiere lo mejor para usted, usted no puede evitar ser lleno de esperanza. Dios quiere suplir todas sus necesidades y facultarlo para ayudar a otras personas.

> Así que si hoy tiene dolor, y duda de que las cosas puedan mejorar...*viva con esperanza.*

Si usted solamente está pasando por la vida, haciendo

lo que tiene que hacer pero preguntándose si hay algo más... *viva con esperanza.*

Si usted está criando hijos, preguntándose lo que les depara el futuro... *viva con esperanza.*

Si usted está comenzando una nueva emocionante aventura, en la que arriesgará más de lo que ha arriesgado antes... *viva con esperanza.*

Cuando se atreva a vivir con esperanza, las cosas comenzarán a cambiar en su vida. La fe incrementa, el gozo regresa y la paz reina. Así que si usted está satisfecho con *pasarla,* piensa que *mejor imposible* o *mejor suerte la próxima vez* usted probablemente debería dejar este libro a un lado.

Pero si está listo para un cambio—si está listo para algo mejor—siga leyendo. La esperanza tiene una manera de transformar hermosamente la vida de los que la abrazan. Es el catalizador que enciende las ideas y la imaginación (vea Proverbios 24:14), el ancla que nos estabiliza cuando llegan las tormentas de la vida (vea Hebreos 6:19), la confianza que nos desafía a desarrollar una mejor vida (vea Proverbios 23:18) y el consuelo de saber que jamás estamos solos (vea Romanos 5:5).

Si eso le suena bien, sea lo suficientemente valiente para hacer algo que quizá no haya hecho en un largo tiempo: Viva con esperanza. Usted va a estar contento de haberlo hecho, porque Dios está esperando ser generoso con usted.

ESPERANZA PARA IR MÁS ALTO

• • • •

…Pero los que confían en él renovarán sus fuerzas;
volarán como las águilas…

Isaías 40:31

Con mucha frecuencia las personas sienten que sería codicioso o malo esperar más de lo que tienen. Aunque es verdad que debemos siempre estar contentos y satisfechos con lo que tenemos, eso ciertamente no significa que desear más de las cosas correctas esté mal, siempre y cuando las deseemos por las razones correctas. ¿Cómo podemos estar contentos y desear más al mismo tiempo? Estoy sumamente contenta en este momento con todo en mi vida porque creo que el tiempo de Dios en mi vida es perfecto. Podría estar bastante feliz y jamás tener más de cosa alguna porque mi gozo y contentamiento está en Cristo. No obstante, al mismo tiempo, quiero más de todo porque quiero ir tan lejos en la vida como Dios permita y hacer para Él y los demás tanto como sea humanamente posible. ¡No quiero más ni menos que la mejor vida que Dios quiera darme!

Quiero más de Dios en mi vida, un caminar más cercano, más íntimo con Él (vea Filipenses 3:10). Quiero más sabiduría, más estabilidad y más buenas amigas. Quiero más para mis hijos y quiero que más personas acepten a Cristo como su Salvador. Quiero ver más milagros, sanidades, avances y poder.

Sinceramente creo que podemos estar satisfechos hasta el punto en el que no seamos perturbados o inquietados por lo que tenemos, mientras que al mismo tiempo deseamos más por las razones correctas en el tiempo apropiado (vea Filipenses 4:11, 19).

De hecho, creo que los que están contentos con menos de todo lo que Dios puede hacer por ellos están estorbando la grandeza de Dios. Él quiere mostrarse fuerte en la vida de cada uno. Él es poderoso para hacer todas las cosas mucho más abundantemente, más arriba y más allá de lo que podríamos atrevernos a pedir o entender, infinitamente más allá de nuestras más altas oraciones, deseos, pensamientos, esperanzas o sueños (vea Efesios 3:20).

CAPÍTULO 1

ELEVE SU NIVEL DE EXPECTACIÓN

Pon tu esperanza en el Señor; ten valor, cobra ánimo; ¡pon tu esperanza en el Señor!

Salmo 27:14

Las altas expectativas son la clave para todo.

—Sam Walton

Déjeme contarle una historia acerca de una mujer llamada Betty. Betty es una creyente. Lee su Biblia regularmente. Y ella hace trabajo voluntario repartiéndoles sábanas a los indigentes una vez al mes. Betty suena hermosa, ¿no?

Bueno, hay algo más acerca de Betty que debe saber: Sus amigos la llaman "Betty malas noticias" cuando no está cerca. Se sienten muy mal de llamarla así, pero con toda justicia, Betty se lo ha ganado; ella se las arregla para esperar, predecir y encontrar lo peor en casi cada situación. Le daré un ejemplo.

El verano pasado, Betty y su marido (Phil Fracaso) salieron de vacaciones familiares con sus dos hijos ("Will bueno para nada" y "Megan media mediocre"). Ahora bien, debo decirle que Phil es un marido amoroso y que Will y Megan son muchachos excelentes, pero Betty no tiene muchas esperanzas para ellos. Tampoco espera mucho de ellos. De hecho, como que asume lo peor, razón por la que tienen esos sobrenombres.

Meses antes, Phil y Betty habían planeado una semana de verano en un destino vacacional popular, pero a medida que el viaje se acercaba, Betty simplemente sabía que iba a ser un desastre. A medida que recorrían las 300 millas [482,8 km] hacia el lugar donde tendrían sus vacaciones, Betty se seguía quejando: "Creo que fue una mala idea. Las filas para hacer cualquier cosa en el parque van a ser de una milla de largo. Dudo que el hotel sea tan bueno como se veía en el anuncio. Les apuesto que va a llover toda la semana". Phil y los muchachos trataron de asegurarle a Betty que todo saldría bien—ellos podían verle el lado bueno a cualquier situación—, pero el mal humor de Betty no cambió. Pobres Phil, Will y Megan...el viaje de 300 millas se sintió como 1000 millas de trabajo pesado.

Con toda seguridad las vacaciones cumplieron con las expectativas de Betty. Las filas en el parque acuático fueron un poco más largas de lo usual. A Phil, Will y a Megan no les importó—esto les dio algunos minutos adicionales para reír juntos y planear a qué estación ir después—pero Betty estaba terriblemente molesta. "Sabía que esto iba a suceder", musitó.

El restaurante en el que decidieron cenar la primera noche tampoco fue perfecto. La mesera les informó a Phil y a Betty que ya no tenían el refresco que la pareja había ordenado. Phil pidió una bebida distinta; Betty escogió una actitud depresiva. "¡Increíble!", suspiró.

Pero la gota que derramó el vaso fue la habitación del hotel. Cuando la familia se acomodó en su habitación para la noche, descubrieron que la TV no estaba funcionando apropiadamente. "¡Lo sabía! ¡Lo sabía! ¡Lo sabía! —renegó exasperada Betty—. Sabía que este hotel no iba a servir de nada". Phil llamó a la recepción y mantenimiento rápidamente trajo un nuevo televisor, pero el daño ya estaba hecho.

"Betty malas noticias" tuvo sus vacaciones de malas-noticias... esto fue exactamente lo que ella esperaba.

Un asunto del corazón

La historia de Betty es un relato ficticio de alguien que se parece mucho a usted y a mí a veces. Todos nos hemos encontrado a nosotros mismos tratando con actitudes pesimistas y expectativas bajas; describimos el clima como "medio nublado", en lugar de "medio soleado", vemos el vaso como "medio vacío" en lugar de "medio lleno".

Para Betty, sus bajas expectativas evitaron que disfrutara las vacaciones de verano, pero para muchas personas, las bajas expectativas evitan que disfruten sus vidas. Pasan cada día con actitudes negativas, encontrando faltas y criticando todo, rara vez esperando lo mejor porque están demasiado ocupadas esperando lo peor. Cuando las cosas van mal, piensan: *Hoy tuve un presentimiento de que iba a ser un mal día*, y cuando las cosas van bien piensan: *Esto probablemente no va a durar mucho*. Tengan días buenos o malos, estén en la cima de la montaña o en el valle, no están disfrutando su vida...porque jamás tuvieron la expectativa de hacerlo. Quizá usted y yo no tengamos un caso tan fuerte como el de Betty, pero para ser sincera, cualquier grado de desesperanza tiene un efecto devastador en nuestra vida. ¿Por qué no creer lo mejor y abrir la puerta para ver lo que Dios va a hacer?

Las bajas expectativas son más que algunas quejas malhumoradas en un lunes más largo de lo usual o más que un sentimiento de que posiblemente se haya levantado del lado equivocado de la cama. Las bajas expectativas son síntomas de un problema más profundo: un problema *espiritual*. Una persona puede haber tenido un historial de decepciones que la hayan llevado a formarse el hábito de esperar más de lo mismo. Algunas personas tienen una autoestima tan baja que suponen que no son dignas de nada lindo, así que nunca lo esperan. Y luego están los que no saben que Dios es bueno y que quiere cosas buenas para sus hijos. Los riesgos que suponen estos síntomas son significativos. Si fuéramos a describir lo que está sucediendo en nuestra alma en la misma manera en la que describiríamos un padecimiento físico, podría sonar algo parecido a esto:

> **Doctor:** Entonces, usted dice estar espiritualmente y emocionalmente de capa caída. Por favor dígame sus síntomas.

Paciente: Bueno, doctor, tengo un mal presentimiento acerca del futuro. He tenido muchas decepciones en mi vida y rara vez espero que las cosas funcionen para mí o para mi familia.

Doctor: Sus síntomas me dicen todo lo que necesito saber. Usted tiene un caso grave de desesperanza.

Los síntomas de Betty eran negatividad, preocupación y queja. Estos síntomas eran causados por una condición del corazón: desesperanza. En lugar de esperar unas vacaciones familiares excelentes, Betty asumía lo peor. *Las filas van a ser largas. Nunca vamos a encontrar un buen restaurante. El hotel va a ser terrible.* No hay esperanza en ninguno de esos pensamientos. No obstante, Phil, Will y Megan tenían síntomas distintos. Eran positivos, optimistas, alegres y estaban listos para obtener lo mejor de cada situación. Estaban llenos de esperanza, y sus expectativas eran muy altas.

Es importante darse cuenta de que las circunstancias fueron las mismas para Betty y su familia, pero las maneras en que reaccionaron a esas circunstancias fueron diferentes. Todos esperaron en filas largas; todos comieron en el mismo restaurante; todos se sentaron frente al televisor descompuesto. Cuando estas cosas sucedieron, las bajas expectativas de Betty fueron confirmadas, llevándola a querer rendirse. Para el resto de la familia, sus altas expectativas fueron desafiadas, pero escogieron permanecer siendo esperanzados y gozosos, lo cual los facultó para encontrar maneras de manejar las circunstancias y seguir adelante, disfrutando cada paso del camino.

> *¿Se despierta cada mañana con una expectativa feliz de que Dios va a hacer algo sorprendente en su vida?*

Con esa imagen en mente, permítame hacerle una pregunta importante: ¿Cuáles son sus síntomas? Si fuera a realizar una evaluación honesta de su corazón, ¿qué encontraría allí?

¿Es usted como Phil, Will y Megan, emocionado por el futuro, esperando que hoy sea mejor que ayer y que mañana sea todavía mejor que hoy? ¿Se despierta cada mañana con una feliz anticipación de que Dios está haciendo algo sorprendente en su vida?

¿O es usted más como "Betty malas noticias"? ¿Se descubre a sí mismo preparándose para lo peor? ¿Se preocupa de que sucedan cosas malas antes de que realmente sucedan? ¿Utiliza frases como: *aquí vamos de nuevo, esto nunca va a funcionar, debería haber sabido que las cosas iban a salir mal,* y: *tengo un mal presentimiento acerca de esto?*

La conexión de fe

Evaluar nuestro corazón es un ejercicio importante a medida que comenzamos esta travesía de esperanza juntos, porque la esperanza en Dios y la *expectación* positiva están muy relacionadas con la fe. Para el propósito de nuestra discusión, podemos fácilmente decir que el nivel de su expectación es el nivel de su fe. Muéstreme una persona con bajas expectativas, y le mostraré una persona que está ejercitando muy poca fe. Pero muéstreme una persona con grandes expectativas, y le mostraré una persona actuando con fe valiente. Solamente recuerde que estamos hablando de tener nuestra expectación en Dios. Es más que una mera expectación positiva; es confiar en que Dios cuidará de usted y de todo lo que le concierne.

La Palabra de Dios nos dice que nuestra fe—nuestra expectativa positiva, esperanzada—le agrada a Dios (vea Hebreos 11:6), y narra las diferentes veces en los Evangelios en las que vemos que Jesús fue movido a misericordia para actuar a causa de la fe—las expectativas—de los que encontraba (vea Mateo 9:29, Marcos 5:34, Lucas 7:50, Lucas 17:19). Uno de esos milagros se encuentra en Marcos capítulo 10. Me encanta esta historia, y creo que tiene gran relevancia para usted y para

> *Muéstreme una persona con grandes expectativas, y le mostraré una persona actuando con fe valiente.*

mí hoy porque se trata de la importancia de la expectativa. Marcos 10:46-47 dice:

*...Después llegaron a Jericó. Más tarde, salió Jesús de la
ciudad acompañado de sus discípulos y de una gran multitud.
Un mendigo ciego llamado Bartimeo (el hijo de Timeo) estaba
sentado junto al camino. Al oír que el que venía era Jesús de
Nazaret, se puso a gritar: —¡Jesús, Hijo de David, ten compasión de mí!*

Si lo piensa, Bartimeo tenía toda la razón para esperar lo peor.
Era un mendigo ciego que se sentaba a la orilla del camino todos los
días, tratando de sobrevivir con limosna. Estaba viviendo una vida
sumamente difícil, y si alguien tendría excusa para bajar de tono su
nivel de expectación, uno podría pensar que sería Bartimeo. Pudo
haber pensado: *Esto es inútil. No va a funcionar. Nada va a cambiar.
Jesús probablemente ni siquiera me note. ¿Para que ilusionarme?* Nadie
lo hubiera culpado.

Pero Bartimeo se atrevió a tener esperanza de algo mayor en la
vida. Comenzó a pensar en lo que podría suceder en lugar de lo
que podría no suceder. No hubo nada "discreto" con respecto a su
nivel de expectativa cuando comenzó a gritar con todas sus fuerzas:
"¡Jesús, Hijo de David, ten compasión de mí!". ¿Puede escuchar la
insistencia en su voz? Es como si Bartimeo hubiera decidido que
no había manera en lo absoluto de que perdería la oportunidad.
Aunque muchas personas en la multitud "lo reprendían para que
se callara" (vea Marcos 10:48), Bartimeo no se callaría. Clamó más
y más fuerte hasta que Jesús se detuvo y lo llamó a su presencia.

Esta es una de las partes más sorprendentes de esta historia:
Cuando Bartimeo fue llevado a Jesús, el Señor le hizo la pregunta
casi impensable. En el versículo 51, Jesús le dijo a este mendigo
ciego: "¿Qué quieres que haga por ti?".

Eso parece como una pregunta extraña, ¿no es así? Es probable
que los discípulos estuvieran pensando: *"¿Qué quieres que haga por
ti?". Señor, ¿no es obvio? El hombre está ciego. ¿Cómo puedes preguntarle
eso?* Pero Jesús estaba preguntando algo más profundo; le estaba
preguntando a Bartimeo: *¿Qué estas esperando? ¿Estás esperando solamente una comida? ¿Estás esperando que alguien te lleve de la mano a*

algún lado? ¿Estás esperando meramente una dádiva? Todas esas cosas eran lo que Bartimeo ciertamente necesitaba, y si estaba viviendo con poca fe, se podría haber conformado con alguna de esas cosas.

Pero Bartimeo tenía un nivel de expectación mayor. Cuando Jesús le preguntó: "¿Qué quieres que haga por ti?". Bartimeo no titubeó, ni siquiera lo tuvo que pensar, no se preguntó si estaba pidiendo demasiado. Bartimeo dijo con denuedo: "Rabí, quiero ver". Usted probablemente conozca el resto de la historia. Jesús fue conmovido grandemente por la fe de Bartimeo. El versículo 52 dice: "—Puedes irte —le dijo Jesús—; tu fe te ha sanado. Al momento recobró la vista y empezó a seguir a Jesús por el camino".

Como Bartimeo era lo suficientemente audaz para creer que Dios le daría lo mejor, eso fue exactamente lo que recibió

> Dios está a su favor y tiene un gran plan para su vida.

del Señor. Lo mismo es cierto en su vida, y por eso es que el nivel de su expectativa es tan importante para el tipo de vida que va a vivir. Si no espera que Dios haga nada grande en su vida, no lo hará. Pero si se atreve a elevar su nivel de expectación y comienza a esperar que Dios quiere hacer algo grande en su vida, usted comenzará a soñar, creer, pedir y actuar con un denuedo confiado, sabiendo que Dios está a su favor y que tiene un gran plan para su vida.

Solo en caso de que se esté preguntando si es aceptable que usted espere cosas buenas de Dios, por favor, lea lentamente y medite en este pasaje de Isaías.

> *Por eso el Señor los espera, para tenerles piedad; por eso se levanta para mostrarles compasión. Porque el Señor es un Dios de justicia. ¡Dichosos todos los que en él esperan!*
>
> Isaías 30:18

Dios está buscando a aquellos con los que puede ser bueno, y si usted está buscando (esperando) que Dios sea bueno con usted, entonces usted califica. Espere que Dios le dé de sí, porque Él es más importante que cualquier otra cosa, pero recuerde que con Él viene todo lo demás que alguna vez podríamos necesitar.

Tres pasos para elevar el nivel de su expectativa

Usted quizá esté leyendo este capítulo y esté pensando: *Joyce, eso suena excelente, pero ¿cómo se supone que espere más? Estoy corriendo de una cita a otra, apenas pagando las cuentas, simplemente tratando de mantener a los niños alimentados o a la empresa a flote. Y he pasado toda mi vida trabajando tan duro como he podido para llegar a este punto. ¿Cómo puedo elevar mi nivel de expectación?*

Hay tanto que podría decirle acerca de la fe—miles y miles de libros se han escrito sobre el tema—pero quiero darle tres pasos sencillos que pueden ayudarlo a comenzar hoy. Estos tres pasos lo ayudarán a elevar su nivel de expectación:

1. Crea.
   Los hijos de Dios son llamados "creyentes" por una razón. Cuando se sienta tentado a dudar, tentado a rendirse, tentado a renunciar; en lugar de ello decida creer.

   > *Cuando se sienta tentado a dudar, tentado a rendirse, tentado a renunciar; en lugar de ello decida creer.*

   Creer es la base de su fe. Crea la Palabra de Dios. Crea que sus promesas son ciertas. Crea que Él lo ama, y crea que Él tiene algo hermoso preparado para su vida. Jesús dijo que si creemos veremos la gloria de Dios (vea Juan 11:40). La gloria es la manifestación de toda la excelencia de Dios.

2. Pida.
   Santiago 4:2 dice: "Pero no tenéis lo que deseáis, porque no pedís". Una vez que haya decidido creer que Dios puede suplir cada una de sus necesidades, proceda y pídale a Dios que supla esas necesidades. Comparta sus sueños con Él. Así como Jesús le preguntó a Bartimeo: "¿Qué quieres que te haga?". Él le está haciendo la misma

pregunta. Tenga el suficiente denuedo para pedirle al Señor que haga algo que solamente Él puede hacer. Obviamente, lo único que deberíamos querer es la voluntad de Dios y confiar en que si lo que estamos pidiendo no es bueno para nosotros, Dios no nos lo dará sino que nos dará algo mejor.

3. Busque.

A medida que avance cada día, espere que Dios responda su oración, supla su necesidad y cumpla el sueño que Él le ha dado. Aun y cuando no haya visto todavía la manifestación de lo que desea, o si no ha sucedido lo que usted esperaba, no significa que Dios no esté obrando. Siga teniendo una actitud de expectativa, y asegúrese de notar todo lo que Dios está haciendo. Esté agradecido por esas cosas mientras espera lo que usted desea o necesita ahora.

Sin importar qué esté esperando hoy—un caminar más profundo con Dios, un mejor entendimiento de la Palabra de Dios, un matrimonio más fuerte, una victoria financiera, una oportunidad de regresar a la escuela, una oportunidad en el ministerio, un comienzo fresco—si está en su corazón (y si se alinea con la Palabra de Dios), crea, pida, espere y busque.

El verdadero cambio que viene al tener expectativas más altas

Su vida solamente llegará tan alto como el nivel de sus expectativas. No es que sus expectativas de inmediato van a cambiar el ambiente o las circunstancias a su alrededor, sino que sus expectativas van a cambiar la manera en que usted reacciona a ese ambiente y a esas circunstancias. Sus expectativas lo cambian a *usted*. Hacen que usted pueda ser capaz de esperar un cambio en sus circunstancias

> *Su vida solamente llegará tan alto como el nivel de sus expectativas.*

con una actitud feliz. Lo llevan a ser un creyente audaz, confiado, lleno de gozo que confía en que Dios tiene un plan mayor para su vida.

Esta es una historia sencilla que encontré que demuestra el gozo que viene con grandes expectativas:

Hubo una vez un par de gemelos idénticos. Eran semejantes en todos los aspectos excepto uno. Uno era un optimista lleno de esperanza que solamente veía el lado brillante de la vida en todas las situaciones. El otro era un oscuro pesimista que solamente veía la parte desagradable de todas las situaciones.

Los padres estaban tan preocupados por los extremos de optimismo y pesimismo en sus hijos que los llevaron al doctor. El doctor les sugirió un plan: "En su próximo cumpleaños —dijo—, denle al pesimista una bicicleta nueva, pero al optimista denle solamente un montón de estiércol".

Parecía algo bastante extremo. Ya que, después de todo, los padres siempre habían tratado a sus hijos igualmente. Pero en esta instancia decidieron probar el consejo del doctor. Así que cuando llegó el cumpleaños de los gemelos, los padres le dieron al pesimista la mejor y más cara bicicleta de carreras que niño alguno ha tenido jamás. Cuando vio la bicicleta, sus primeras palabras fueron: "Probablemente chocaré y me romperé una pierna".

Al optimista, le dieron una caja de estiércol cuidadosamente envuelta. La abrió, hizo una mirada de confusión un instante, pero luego salió corriendo gritando: "¡No pueden engañarme! Con tanto estiércol, ¡debe haber un poni por aquí en alguna parte!".[1]

¡Viva con esperanza!

Quiero animarlo a elevar su nivel de expectativa hoy. No importa como pueda verse la situación a su alrededor; Dios es mayor que cualquier obstáculo que esté enfrentando. No asuma que dónde ha estado, o dónde se encuentra, es lo mejor que puede tener. No crea que su historia es su destino. En lugar de ello decida creer que Dios va a hacer algo todavía mejor en su vida. Jesús le está preguntando: "¿Qué quieres que te haga?". Esa es

> *No asuma que dónde ha estado, o dónde se encuentra, es lo mejor que puede tener.*

una pregunta bastante poderosa, así que adelante, viva con esperanza. ¡Debe haber un poni por aquí en alguna parte!

CAPÍTULO 2

SIGA AL LÍDER

Mi alma se aferra a ti; tu mano derecha me sostiene.

Salmo 63:8

"Esperanza" es la palabra que Dios ha escrito en la frente de cada hombre.

—Víctor Hugo, *Los miserables*

De todos los juegos intemporales que los niños juegan, "Lo que hace la mano hace la tras" es quizá el más común. Sea en preescolar, en primaria o simplemente jugando con amigos en el parque, en algún momento, cada niño se ha unido a una fila de compañeros y ha realizado la juguetona tarea de seguir al líder. ¿Recuerda jugarlo? ¿Recuerda el desafío de caminar siguiendo las huellas de la persona delante de usted, incluso cuando ellos iban siguiendo a la persona que iba delante de ellos? A través del túnel, pasando la changuera, subiendo la escalera, bajando por el tobogán: pasaban por todo el patio de juegos.

Una de las cosas que más recuerdo del que hace la mano hace la tras es que el disfrute del juego estaba vinculado directamente con la habilidad del líder. Si teníamos un líder con baja velocidad, sin creatividad o con un sentido de dirección deficiente, el juego se desmoronaba rápidamente; los niños se aburrían y se iban a jugar otra cosa. Igualmente, si teníamos un líder que avanzaba demasiado rápido, muy acrobático o mandón y exigente, el juego no duraba mucho porque nadie podía seguirle el paso. Con el fin de que el juego fuera un éxito, uno tenía que tener el líder adecuado: un líder que avanzara al paso perfecto, mantuviera las cosas interesantes y nos llevara a donde quisiéramos ir.

El liderazgo es clave. Esta es una verdad que es reforzada a través de toda la niñez, pasando por la adolescencia e incluso al entrar al "mundo de los adultos". Si usted tenía un entrenador entendido en el tema, probablemente tenía un equipo bastante exitoso. Si era lo suficientemente afortunado de tener un maestro motivado e inspirador, probablemente aprendía más acerca de una materia en particular que lo que podría haber aprendido de otro modo. Si su jefe lo desafiaba a ser lo mejor que pudiera ser y lo ponía en una posición de éxito, probablemente disfrutaba su trabajo y se desempeñaba bien en las tareas que le eran asignadas. Qué tanto disfrute una experiencia, y el nivel de éxito que logre, se encuentra vinculado directamente con la persona a la que escoja seguir.

Lo que es verdad en el patio de juegos, en el campo de béisbol, en el aula y alrededor de la sala de juntas es verdad también en los aspectos más profundos de su vida: el liderazgo sigue siendo clave. Quién o qué escoja seguir determinará qué tanto disfrute su vida. Pero no estoy hablando acerca de seguir a un jefe, a un maestro o a un padre; estoy hablando de una decisión mayor: la decisión de seguir a Dios y su plan para su vida.

Si usted va por la vida con su propia agenda—tratando de dilucidar todo, tratando de seguir su propio plan—hay probabilidades de que vaya a ser miserable o infeliz. No es que su plan sea inherentemente malo, es solo que el plan de Dios es inconmensurablemente mejor.

> No es que su plan sea inherentemente malo, es solo que el plan de Dios es inconmensurablemente mejor.

Cada vez que se conforme con su plan en lugar de someterse al plan de Dios, se está conformando con lo segundo mejor. Además, cuando trata de forzar su propio plan para que funcione genera una gran cantidad de estrés. Tan pronto como encuentra un obstáculo—la escuela le niega su solicitud, fracasa una empresa, la persona con la que esperaba casarse lo rechaza, la casa no se vende—la presión se acumula porque siente que necesita arreglar el problema en su propia fuerza. Si usted es el líder, es fácil perder la esperanza, porque está muy al tanto de sus defectos, fracasos y limitaciones.

Pero si quiere vivir una vida llena de esperanza, lo mejor que puede hacer es entregarle a Dios el papel de liderazgo. Permítale a Él ser el líder, y decida seguirlo de todo corazón, confiando en que Él tiene un mejor plan y que está desarrollando ese plan a la perfección. Deje de leer unos minutos y pregúntese: *¿Estoy siguiendo a Dios agresivamente, o le estoy pidiendo a Dios que me siga?* En Dios, usted encontrará a un líder que avanza al paso perfecto y mantiene las cosas interesantes, y aunque quizá lo lleve a algunos lugares a los que usted preferiría no ir, usted milagrosamente terminará en el lugar correcto en el momento oportuno. Esperar en Dios no significa sentarse por ahí haciendo nada. De hecho, en realidad lo opuesto es verdad. Usted todavía planea para el futuro, y sigue trabajando diligentemente para tener éxito en las tareas frente a usted, pero hace esas cosas después de haber pasado tiempo con Dios, pidiendo su dirección y su guía. Y cuando hace planes, no se aferra a esos planes. Usted pasa cada día con una actitud que dice: *Señor, confío en que tienes un plan para mi vida. Señálame la dirección en la que quieras que vaya. Cierra cualquier puerta que no sea parte de tu plan, y abre toda puerta de oportunidad por la que quieras que pase. Dirígeme y guíame hoy y todos los días.*

Cuando las cosas salen mal y las circunstancias se ponen difíciles, las personas que están siguiendo la guía de Dios no entran en pánico. Ellos creen que Él va a usar todas y cada una de las situaciones—buenas o malas—para llevar a cabo su plan y sus propósitos. Todos cometemos errores y aprendemos muchas lecciones, pero si nos mantenemos llenos de esperanza, podemos disfrutar el viaje. Quizá tomemos algunas desviaciones que no estábamos planeando, pero los propósitos de Dios ganarán al final.

Confíe en Dios, no en usted mismo

Es más fácil vivir con esperanza para su crecimiento espiritual, su matrimonio, su salud, sus hijos, sus relaciones, su trabajo y sus finanzas cuando ha hecho a Dios el líder, y usted confía en que Él tiene un gran plan para su vida. Creer que Dios tiene un propósito para su vida y decidir seguir su guía para ver cumplirse ese propósito, es un ejercicio total de confianza.

Es muy semejante al "ejercicio de confianza" que probablemente haya visto a la gente demostrar en alguna ocasión. En el ejercicio de confianza, una persona se permite ser vulnerable, cayendo de espaldas sin red que lo reciba y sin cojines que puedan amortiguar su caída, mientras que otra persona que está detrás de ella le promete atraparla antes de que llegue al suelo. Cuando usted dice: "Señor, decido seguir tu dirección. Creo que tu plan es infinitamente mejor que lo que podría ser el mío", se parece mucho a confiar en que alguien lo atrape. Pero hay una diferencia importante: Dios hace más que simplemente atraparlo; Dios lo toma al vuelo y luego lo lleva más alto de lo que estaba antes.

Aprender a confiar en Dios completamente es algo que he tenido que aprender a lo largo del tiempo y que todavía estoy aprendiendo diariamente. Solía tener el hábito de confiar solamente en mí misma. Me hice

> *Dios hace más que simplemente atraparlo; Dios lo toma al vuelo y luego lo lleva más alto de lo que estaba antes.*

este hábito después de años de tratar de confiar en la gente, solamente para terminar decepcionada y herida. Entonces decidí no volver a confiar en alguien. Estas experiencias dolorosas me llevaron a creer que *si quiere que algo quede bien, tiene que hacerlo uno mismo. Si no le pide nada a nadie ni le abre el corazón a nadie, no lo pueden lastimar.* Pero esta mentalidad era poco saludable, y me llevó a algo más que dejar de confiar en la gente: evitaba que confiara en Dios. Era un mal hábito y necesitaba la ayuda del Señor para romperlo.

La Palabra de Dios es sumamente clara con respecto a confiar en el Señor más que confiar en nosotros mismos. Proverbios 3:5-6 dice:

Confía en el Señor de todo corazón, y no en tu propia inteligencia. Reconócelo en todos tus caminos, y él allanará tus sendas.

"Confiar" en Dios es simplemente creer que Él lo ama, que Él es bueno, que tiene el poder de ayudarlo, que quiere ayudarlo y que lo *ayudará*. Muchas veces confiamos en todos *excepto* en Dios, o confiamos en todos *antes* que en Dios. Confiamos en nuestros amigos, en la bolsa de valores, en el gobierno o en nuestros propios talentos y habilidades más de lo que confiamos en Dios y en su Palabra. ¿Alguna vez ha escuchado a alguien decir: "He hecho todo lo que sé hacer, pero nada de eso está funcionando; creo que no hay nada que pueda hacer sino orar"? La mayoría de nosotros hemos dicho eso, y es una declaración reveladora. Es otra manera de decir: "He tratado de ayudarme a mí mismo y he fallado, he tratado con otras personas y han fallado, nada está funcionando, ¡así que creo que no tengo otro recurso más que tratar de confiar en Dios!".

La oración debería ser nuestra primera línea de defensa en cualquier batalla, nunca un esfuerzo de último recurso después de que todo lo demás haya fallado.

Dios quiere que lo pongamos primero a Él en nuestra vida. Quiere que pongamos nuestra confianza en Él…todo el tiempo…en todo.

Quiere que pongamos nuestra esperanza en Él, que tengamos fe en Él, porque cuando lo hagamos no viviremos decepcionados ni sin fruto. Él nos guiará a la vida vencedora, abundante y llena de gozo por la que Jesús murió para darnos. ¿Recuerda esa excelente canción que dice: "Mi esperanza está edificada en nada menos que en Jesucristo, mi justicia"? Ponga toda su esperanza en Dios y prepárese para el viaje más emocionante que se pueda imaginar.

> *Dios quiere que lo pongamos primero a Él en nuestra vida. Quiere que pongamos nuestra confianza en Él…todo el tiempo…en todo.*

Cómo seguir la guía de Dios

Si ha decidido hacer lo que hace la Mano (Jesús), Romanos 8:1 (RVR 1960) dice que, como creyentes, somos "los que no andan conforme a la carne, sino conforme al Espíritu". Una de las maneras en que usted puede saber si está siguiendo la carne (su propio plan) en lugar de al Espíritu (el plan de Dios) es que no tiene paz y está luchando. Si está pensando hacer algo, pero no tiene paz acerca de ello, simplemente no lo haga.

Por ejemplo: Usted está buscando empleo y la única oferta que le han hecho en su campo de conocimiento y experiencia está del otro lado del país. Pero si no ha orado al respecto, y usted está tomando esta decisión sin consultar a Dios, convenciéndose a sí mismo de que debe mudarse al otro lado del país porque este podría ser el único empleo que podría conseguir, usted podría estar preparándose para años de miseria. Si nadie en su familia quiere mudarse y su decisión de ir está provocando contienda y conmoción, usted debería esperar y buscar a Dios para recibir una dirección más clara.

Este es el asunto: Si su mente está atribulada, usted no tiene paz y su decisión está provocando problemas, ¡no lo haga! Con mucha frecuencia tratamos de convencernos de algo por lo que no tenemos paz, y esa es una invitación abierta a los problemas. En el ejemplo anterior, el razonamiento podría parecerse a algo como esto: "Bueno, realmente no me quiero mudar y mi familia está en contra de hacerlo, y el trabajo quizá no sea lo que estaba buscando, pero podría funcionar. Es la mejor oferta que he recibido. Me estoy cansando de esperar". Tenga cuidado con este tipo de razonamiento, y sin importar lo impaciente que se sienta, si no tiene paz acerca de mudarse, le irá mejor si espera hasta que Dios traiga una mejor oportunidad a su camino.

Sé que usted necesita proveer financieramente para usted mismo y para su familia, pero le iría mejor si tomara cualquier tipo de empleo localmente mientras espera el trabajo perfecto que mudarse al otro lado del país cuando no siente paz al respecto. Permita que la paz sea el árbitro en su vida, y que decida de manera final cada pregunta que se levante en su mente (vea Colosenses 3:15).

Sin importar cual sea la situación, el mismo principio permanece siendo verdadero. Sea encontrar cónyuge, escoger una iglesia, decidir sobre una compra, establecer límites saludables en las relaciones…la lista podría seguir y seguir. Que su meta siempre sea seguir la sabiduría y la paz de Dios.

> *Cuando no esté seguro de qué decisión tomar—cuando no esté seguro de estar siguiendo sus propios deseos o la dirección de Dios—busque al árbitro. ¡Deje que la paz tome la decisión!*

Cuando no esté seguro de qué decisión tomar—cuando no esté seguro de estar siguiendo sus propios deseos o la dirección de Dios—busque al árbitro. ¡Deje que la paz tome la decisión!

Aun y cuando haya decidido seguir la dirección de Dios en su vida, van a haber ocasiones en los que cometa errores. No se desanime cuando eso suceda; ¡todo es parte del aprendizaje! Los discípulos cometieron errores cuando estaban siguiendo a Jesús. Nunca debe avergonzarse de retractarse de hacer algo que usted pensó que era Dios una vez que se da cuenta de que no lo era. Usted puede simplemente decir: "Cometí un error", y seguir adelante. He perdido el plan perfecto de Dios muchas veces, y usted también lo hará. De hecho, esa es una de las maneras en que aprendemos cómo escuchar correctamente a Dios. Algunas veces usted tendrá que ser valiente e intentar algo para saber si realmente era Dios o no. Si ha hecho todo lo que puede para descubrir la voluntad de Dios en su situación y no tiene una dirección clara, entonces haga lo que está en su corazón y confíe en que Dios lo guiará en el camino. Con frecuencia digo que nadie puede conducir un coche estacionado, ni siquiera Dios. Si tenemos la vida en punto muerto, quizá necesitemos echarla a andar y por lo menos avanzar en alguna dirección. ¡Con frecuencia solamente lo descubrimos cuando damos el paso!

Dios está con usted y lo está dirigiendo a cada paso del camino

Es muy bueno saber que, como creyentes, nunca estamos solos. Permítame hacerlo más personal: *Usted* nunca está solo. Dios no lo está guiando a lo lejos desde una gran distancia; Él está viviendo en su corazón y caminando con usted paso a paso, sin importar por lo que pase. Aunque eso podría parecer como que nadie está con usted, y aunque pueda sentirse solo cuando esté pasando por un tiempo difícil, ponga su esperanza en Dios, porque Él ha prometido estar con usted y guiarlo.

Cuando estamos enfrentando dificultades en la vida, y eso lo hacemos todos en ocasiones, el diablo quiere que estemos desesperanzados y no esperanzados. Él va a tratar de hacer que usted se concentre en su problema en lugar de en Jesús y sus muchas promesas. Cuando Josué estaba haciendo su viaje a través del desierto, Dios le dijo que pusiera sus ojos en las promesas y que no se apartara de ellas a la derecha o la izquierda, para que pudiera tener éxito dondequiera que fuera (vea Josué 1:4-7). Cuando vengan los problemas, no permita que las preocupaciones y las ansiedades del mundo le roben la esperanza. Sea un prisionero de esperanza y sea restaurado el doble por parte de Dios.

> *Vuelvan a su fortaleza, cautivos de la esperanza, pues hoy mismo les hago saber que les devolveré el doble.*
>
> Zacarías 9:12

Recientemente leí acerca de un hombre que estaba aprendiendo a volar aviones. Durante una lección en particular, su instructor le dijo que llevara el avión a una picada pronunciada y extendida. El estudiante hizo conforme a lo que se le pidió, pero no estaba preparado para lo que sucedería después. Momentos después de haber comenzado la picada, el motor se detuvo y el avión comenzó a caer fuera de control. Con pánico en la mirada, el estudiante volteó a ver a su instructor por ayuda, pero el instructor no dijo una palabra. El estudiante rápidamente se calmó, recobró la compostura y corrigió la situación conforme a su entrenamiento previo; entrenamiento que había sido puesto a prueba por vez primera.

Una vez que el avión se niveló y que iban volando de manera segura, el estudiante se volteó hacia su instructor y comenzó a ventilar sus temores y frustraciones. Parecía como si el instructor hubiera desaparecido y dejado de hacer su trabajo y su estudiante no estaba feliz al respecto. Después de escuchar el exabrupto de su estudiante, el instructor de vuelo respondió con calma: "No hay posición en la que usted pueda poner el avión que yo no pueda corregir. Si quiere aprender a volar, ascienda nuevamente y hágalo de nuevo". Aunque el estudiante había pasado por una dura experiencia de prueba, y aunque se había sentido solo durante momentos aterradores, su instructor había estado allí todo el tiempo. No iba a permitir que nada le pasara a su estudiante. De hecho estaba utilizando la adversidad para enseñar y equipar a su estudiante con las habilidades que necesitaría en el futuro.[1]

Le comparto esa historia porque quizá haya momentos en su vida en los que sienta como si estuviera en una profunda y extendida picada, momentos en los que sienta como si el motor se hubiera detenido y que está cayendo a plomo fuera de control. Un matrimonio se desmorona, un sueño muere, recibe un diagnóstico, un hijo se desvía del camino, se rompe la confianza, se pierde el empleo. En momentos difíciles como estos, es natural sentir un poco de pánico y preguntarse si está solo. Pero solamente porque usted quizá se sienta temporalmente solo, asustado y abandonado, eso no significa que lo esté. Dios está allí con usted; Él no ha dejado su lado.

Deuteronomio 31:8 dice que Dios "nunca te dejará ni te abandonará", y en Mateo 28:20, Jesús prometió: "Estaré con ustedes siempre". Estas son solamente dos de las muchas ocasiones en la Palabra de Dios donde el Señor asegura que Él nunca dejara que pase por situaciones solo. Incluso en sus peores días, aun en medio de las circunstancias más difíciles, sepa que no está solo.

¡Viva con esperanza!

¿Qué es lo que más lo apasiona? ¿Qué es lo que lo emociona tan solo de pensar en ello? ¿Comenzar una organización sin fines de lucro? ¿Trabajar como voluntario en su comunidad? ¿Desarrollar una empresa? ¿Criar una familia? ¿Obtener su título? Muchas veces los deseos de su corazón son tan fuertes porque Dios es el que los puso allí. Sin importar qué sea lo que usted esté esperando, entrégueselo a Dios, pida su dirección y si usted siente paz acerca de ello, dé pasos para hacerlo realidad.

> *Seguir a Dios no se trata de relajarse y esperar; se trata de ser valiente e ir tras ello.*

Seguir a Dios no se trata de relajarse y esperar; se trata de ser valiente e ir tras ello. Avance y viva con esperanza…Dios lo está dirigiendo a algo mejor de lo que se puede imaginar.

CAPÍTULO 3

IDENTIFIQUE Y ELIMINE CADA "NO PUEDO"

¡Alabado sea Dios, Padre de nuestro Señor Jesucristo! Por su gran misericordia, nos ha hecho nacer de nuevo mediante la resurrección de Jesucristo, para que tengamos una esperanza viva...

1 Pedro 1:3

Un poco de más persistencia, un poco de más esfuerzo, y lo que parecía un fracaso sin esperanza puede convertirse en un éxito glorioso.

—Elbert Hubbard

En 1981, un nuevo millonario de nombre Eugene Lang regresó a la escuela primaria a la que asistió 50 años antes en un barrio pobre. Estaba allí para darle un discurso a la generación que se graduaba de sexto, pero algo que el director le dijo justo antes de subir al estrado molestó a Lang. El director le informó al exitoso empresario que, estadísticamente, tres cuartos de los estudiantes de la escuela nunca terminarían la escuela media-superior; que dejarían la escuela antes de recibir su diploma. Lang había planeado hablarle a los jóvenes estudiantes acerca del valor del trabajo duro y como eso los llevaría al éxito, pero cuando el director le dijo la sorprendente estadística rápidamente cambió el contenido de su discurso. Eugene Lang decidió hacer algo radical.

Mientras estaba de pie frente a los alumnos de sexto año de su escuela primaria en Harlem, Lang le dijo a los muchachos cómo fue testigo del famoso discurso del Dr. Martin Luther King Jr.,

"Tengo un sueño", en la Marcha a Washington en 1963. Alentó a cada estudiante a soñar sus propios sueños y luego le dijo a los alumnos que quería hacer algo para ayudarlos a ver que esos sueños se hicieran realidad. Ese día, Lang hizo un trato con esos jóvenes estudiantes: Les prometió que pagaría las cuotas de la universidad de cada alumno de sexto año que permaneciera en la escuela y que recibiera su diploma de la escuela media-superior.

Las vidas de esas jóvenes personas cambió ese día. Tenían esperanza; muchos de ellos por la primera vez. Al ser entrevistados más tarde, un estudiante dijo: "Tenía algo adónde dirigirme, algo que me estaba esperando. Era un sentimiento dorado". La promesa de Eugene Lang se convirtió en un programa escolar, y su programa escolar se convirtió en un movimiento nacional. El periódico *The New York Times* publicó un artículo de primera plana y *60 Minutos* transmitió una segmento sobre el millonario que le trajo esperanza a un grupo de niños de un barrio pobre de la ciudad. Miles de llamadas y cartas comenzaron a llegar, y en 1986, Lang comenzó la fundación nacional I Have A Dream [Tengo un sueño] para ayudar a desarrollar programas I Have A Dream en escuelas de todo el país. Desde entonces, más de 200 programas han operado en 29 estados y se han ayudado a más de 15 000 estudiantes (llamados "Soñadores").

¿Y con respecto a los 61 alumnos de sexto año—los Soñadores originales—a los que Lang les dio su discurso improvisado ese día de principios del verano de 1981? Más de 90% continuó para obtener sus diplomas de escuela media-superior, y la mayoría de ellos procuró obtener educación superior. Todo debido a la generosidad de un empresario que solamente quería ayudar a un grupo de muchachos a llegar más alto.[1]

La esperanza es algo poderoso, pero no florece en una atmósfera de *no puedo*.

Antes de que Lang hiciera su promesa a ese grupo de niños

> *La esperanza es algo poderoso, pero no florece en una atmósfera de no puedo.*

golpeados por la pobreza de ese barrio marginado, muchos de ellos vivían bajo una nube de "no puedo". No podemos *ir a la universidad porque* no podemos *pagar los costos de las cuotas. ¿Así que para qué terminar la escuela media-superior si la universidad no es una opción?* Lo que hizo Eugene Lang fue eliminar el *no puedo*. No fue a clases en su lugar, no les hizo la tarea, no desarrolló sus proyectos, no respondió sus exámenes; ellos todavía tenían que hacer el trabajo necesario. Pero identificó y eliminó el *no puedo* que estaban enfrentando; y fue en ese momento que la esperanza se remontó.

La respuesta de Dios cuando usted piensa no puedo

Cuando comenzó a leer este libro, probablemente notó que le puse por título a la primera sección "Esperanza para ir más alto". Eso es porque estoy convencido de que Dios quiere hacer cosas mayores y mejores en su vida; quiere llevarlo más alto. Dios quiere que usted experimente un nivel más alto de gozo, un nivel más alto de paz, un nivel más alto de contentamiento, un nivel más alto de esperanza y la lista sigue y sigue. Colosenses 3:1-2 dice:

> *Ya que han resucitado con Cristo, busquen las cosas de arriba, donde está Cristo sentado a la derecha de Dios.* **Concentren su atención en las cosas de arriba,** *no en las de la tierra* (énfasis añadido).

Con Dios, las cosas no se ponen cada vez peor, mejoran cada vez más; usted no se hundirá y se hundirá, sino que se levantará cada vez más.

> Con Dios, las cosas no se ponen cada vez peor, mejoran cada vez más; usted no se hundirá y se hundirá, sino que se levantará cada vez más.

Por eso es que Proverbios 4:18 dice que la senda del justo "se asemeja a los primeros albores de la aurora: su esplendor va en aumento hasta que el día alcanza su plenitud", y la razón por la que Isaías 40:31 dice que los que esperan en el Señor "volarán como las águilas". Su vida en Cristo puede ser una vida que sea cada vez más brillante y que se remonte más alto que nunca antes.

Pero uno de los obstáculos más fuertes y más eficaces que evita que experimente la vida que Dios quiere que viva es la mentalidad del *no puedo*. *No puedo* es una jaula inclemente diseñada para evitar que se levante a su potencial pleno. Imagínese a la majestuosa águila calva—un ave hecha para surcar las alas del viento—posada en una jaula estrecha, viendo a otras águilas remontarse. Esto es lo que sucede cuando usted vive con una mentalidad de *no puedo*. En lugar de vivir la vida para la que fue diseñado, se encuentra atorado en un confinamiento de restricciones y limitaciones. No puedo *controlar mi temperamento.* No puedo *encontrar empleo.* No puedo *dejar esa herida.* No puedo *seguir adelante.* No puedo *llevarme bien con mi cónyuge.* No puedo *permitirme ser vulnerable de nuevo.* No puedo *dilucidar esto.* No puedo *criar a estos niños solo.* No puedo *creer que esto esté sucediendo.* No puedo…No puedo…No puedo. Podríamos seguir y seguir. Ya que al parecer la lista de cosas que las personas piensan que no pueden hacer no termina.

Pero, ¿notó un factor importante en la lista anterior de pensamientos? Yo. No puedo…No puedo…No puedo: Yo…Yo…Yo. *No puedo* es una mentalidad que se enfoca en uno mismo. No considera la ayuda de los demás, y ciertamente no considera la ayuda de Dios. *No puedo* pone la mirada en las partes más débiles de nosotros y llega a está desesperanzadora conclusión: Yo no puedo hacerlo.

Esto no es nada nuevo. Los hombres y las mujeres de la Biblia trataron con esta misma actitud. Sara pensó: *No puedo tener hijos; soy demasiado vieja* (vea Génesis 18:10-12). Moisés pensó: *No puedo estar delante de Faraón; no hablo bien* (vea Éxodo 6:30). Gedeón pensó: *No puedo salvar a Israel; soy el más insignificante de mi familia* (vea Jueces 6:15). Ester pensó: *No puedo salvar a mi pueblo; nunca obtendré una audiencia con el rey* (vea Ester 4:11). Isaías pensó: *No puedo profetizar; soy un hombre de labios impuros* (vea Isaías 6:5-7).

Los discípulos pensaron: *No podemos alimentar a la multitud; solo tenemos cinco panes y dos pescados* (vea Mateo 14:15-18). En cada una de estas circunstancias el *no puedo* se erigió como una jaula hecha por ellos mismos, que tenía la intención de evitar que estos hombres y mujeres cumplieran el plan de Dios para su vida.

Pero Dios nunca tuvo el propósito de que Sara, Moisés, Gedeón, Ester, Isaías o los discípulos hicieran cualquier cosa en su propia fuerza, conforme a su propia habilidad. Él sabía que ellos no podían... pero eso no importaba, porque Él *sí podía*. En Cristo podemos hacer todo lo que necesitamos hacer. ¡Podemos enfrentar cualquier cosa!

> *Todo lo puedo en Cristo que me fortalece.*
>
> Filipenses 4:13

Era verdad: Sara era demasiado vieja para tener hijos; Moisés no podía convencer a Faraón por sí mismo; Gedeón no estaba calificado para dirigir un ejército; Ester no había sido llamada delante del rey; Isaías era un hombre de labios impuros; y los discípulos no tenían suficiente comida para alimentar a la multitud. Pero Dios tenía el propósito de vencer cada *no puedo* con el fin de cumplir con su plan y su propósito. Lo único que tenían que hacer estos hombres y mujeres era identificar y eliminar su mentalidad de "no puedo". En lugar de enfocarse en sus debilidades, escogieron enfocarse en la fuerza de Dios, y los resultados fueron milagrosos. Dios hizo cosas asombrosas en su vida y a través de su fe y obediencia.

Lo mismo es cierto para usted. Reconozco que hay cosas que está enfrentando hoy que quizá lo han hecho pensar: *Simplemente no lo puedo hacer. Ya no puedo seguir enfrentando esta situación. No puedo aguantar esto un día más. No puedo esperar una respuesta. No puedo encontrar una manera de perdonar. Si supiera por lo que estoy pasando, entendería. Simplemente no lo puedo hacer.* Pero quiero decirle que Dios sabe que usted no puede... y eso no importa, porque Él *puede*.

—*Para los hombres es imposible* —*aclaró Jesús, mirándolos fijamente*—, *pero no para Dios; de hecho, para Dios todo es posible.*

Marcos 10:27

Tenga una actitud de "Sí puedo"

Es probable que haya pasado por la vida pensando *no puedo* porque eso es lo que los demás le han dicho. Probablemente haya escuchado "no puedes" tantas veces que comenzó a internalizarlo y a personalizarlo, y en alguna parte a lo largo del camino "no puedes" se convirtió en: *No puedo*. Es triste pensar que hay muchas personas que disfrutan con decirle a los demás lo que no pueden hacer. Y algunas veces esas personas son las personas que están más cerca de usted. Un maestro, un hermano, un líder de la iglesia, un padre, un amigo, una persona que respeta grandemente; puede ser descorazonador cuando estas personas no ven su potencial. Esto puede desilusionar y debilitarnos si se lo permitimos, pero también podemos escoger un curso alternativo. ¡Podemos escoger creerle a Dios cuando dice que podemos!

Si nadie más se lo había dicho previamente, escuche a Dios diciéndole ahora: "¡Usted puede!". Esas son palabras poderosas que usted puede escuchar y creer, porque como me gusta decir: "Los milagros vienen con los 'sí puedo'". Usted *puede* vencer. Usted *puede* obtener la victoria. Usted *puede* perdonar. Usted *puede* criar hijos rectos. Usted *puede* tener un matrimonio feliz. Usted *puede* experimentar gozo. Usted *puede* cumplir su meta. Usted *puede* ser disciplinado. Usted *puede* salir adelante. Usted *puede*…usted *puede*…usted *puede*.

Al enfrentar cualquier desafío—sin importar lo grande que pueda parecer—Dios le dará toda la fuerza que necesite. Armado con el poder de Dios, usted puede identificar y

> *Cuando enfrente cualquier desafío—sin importar lo grande que pueda parecer—Dios le dará toda la fuerza que necesite.*

eliminar cada *no puedo* de su vida y reemplazarlo con un *sí puedo*. "'Sí puedo' es el padre de 'he logrado'" (Israelmore Ayivor).

En su libro titulado *Anatomía de una enfermedad*, Norman Cousins cuenta la historia de estar hospitalizado con una enfermedad rara y debilitante. Los doctores le dijeron que era incurable; que estaría enfermo y en dolor por el resto de su vida. Cousins se dio de alta del hospital e hizo algo inusual. Sabiendo que los pensamientos negativos y las emociones tienen efectos dañinos en el cuerpo, Cousins decidió eliminar lo negativo y amplificar lo positivo en su situación. Decidió que necesitaba grandes dosis de esperanza, amor, gozo y risa. Cousins comenzó a pasar tiempo cada día viendo películas de los Hermanos Marx y viendo repeticiones de episodios clásicos de *Candid Camera* [Cámara escondida]. Suena bastante simple, pero Cousins decidió que prefería reír en medio de su condición que llorar del dolor de ella. Descubrió que 10 minutos de risa le daban dos horas de sueño libre de dolor. Sorprendentemente, a lo largo del tiempo, su enfermedad fue revertida, y la historia de su recuperación apareció en la revista médica *The New England Journal of Medicine* [Revista Médica de Nueva Inglaterra]. Miles de doctores le escribieron a Cousins agradeciéndole por compartir su experimento y Hollywood incluso hizo una película acerca de ello.[2]

> *Solamente piense en cómo puede cambiar su vida cuando eche a un lado la negatividad del "no puedo" y abrace la esperanza del "sí puedo".*

Le agradezco a Dios por los médicos y los avances en la tecnología médica que tenemos hoy. No le he contado la historia de Norman Cousins para desalentarlo de que vaya al médico. Le comparto esta historia como un ejemplo práctico de lo poderoso que es cuando elimina las actitudes y las mentalidades negativas que tratan de mantenerlo derribado. En el caso de Norman Cousins, incluso afectó su salud física. Solamente piense en cómo puede cambiar su vida cuando eche a un lado la negatividad del "no puedo" y abrace la esperanza del "sí puedo". Cuando decida enfocarse en las cosas que puede hacer en Cristo en lugar de en las cosas que no puede hace por sí mismo, cambiará sus pensamientos, sus palabras, su perspectiva y su actitud: cambiará su vida. Los que esperan en Dios nunca serán defraudados (vea Romanos 5:4-5).

Para hacer lo imposible

Con la ayuda de Dios podemos hacer lo que parece imposible si no tenemos miedo de intentarlo.

Algunas de las personas más conocidas del mundo tenían una actitud "sí puedo" e hicieron cosas asombrosas. Estas son algunas frases de algunos de ellos:

> *Es bastante divertido hacer lo imposible.*
> —Walt Disney

> *No hay nada imposible para el que lo intente.*
> —Alejandro el Grande

> *Toda obra noble al principio es imposible.*
> —Thomas Carlyle

> *El único lugar en el que su sueño se vuelve imposible es en sus propios pensamientos.*
> —Robert Schuller

> *Podríamos lograr muchas cosas más si no las consideráramos imposibles.*
> —Vince Lombardi

> *La palabra imposible no se encuentra en mi diccionario.*
> —Napoleón Bonaparte

> *Siempre parece imposible hasta que se hace.*
> —Nelson Mandela

No permita que su mente se convierta en un obstáculo de las cosas que puede lograr en la vida. ¡Piense en grande, como Dios lo hace! Si va a pensar en algo, ¿por qué pensar en algo pequeño? Creo que muchas personas tienen miedo de pensar en grande porque no quieren ser decepcionados, pero prefiero tomar el riesgo de quedar decepcionada ocasionalmente que vivir una vida decepcionante porque nunca lo intenté. Todo lo que no se ha hecho jamás es imposible hasta que alguien lo hace, así que ¿por qué no puede ser que sea usted quien lo haga?

Tenemos un ministerio a las prisiones exitoso; a lo largo de los últimos 16 años nuestro equipo que visita las prisiones ha estado en más de 3200 prisiones y distribuido 2,7 millones de mis libros junto con bolsas de artículos de higiene personal. Hemos visitado cada prisión estatal en los Estados Unidos. No obstante, cuando primero lo intentamos, se nos dijo que era imposible. La primera junta directiva de las prisiones que contactamos para solicitarle permiso de ir a cada prisión de ese estado nos dijo: "Eso es imposible; ¡nadie ha hecho eso!".

¡Atrévase a soñar y sus sueños podrían hacerse realidad! Si no sueña en nada entonces con toda seguridad recibirá lo que soñó. Usted puede leer este libro y esperanzadoramente terminarlo con el pensamiento: *Qué buen libro. Me siento más esperanzado.* Pero lo insto a no continuar meramente con su vida como siempre. Permita que las palabras de este libro sean un catalizador para mayores cosas en su vida. Tenga mayores esperanzas, sueñe en grande y piense en grande. ¡Alguien va a hacerlo, y muy bien ese podría ser usted!

¡Viva con esperanza!

Creo que Dios quiere ayudarlo a liberarse de la jaula del *no puedo*. Usted puede recibir esperanza hoy, quizá por primera vez. Sin importar el desafío o la oportunidad que esté delante de usted, puede tener éxito; porque Dios está con usted y le dará la fuerza que necesita. Las palabras negativas de otros no son rival para las promesas de Dios y su presencia en su vida. Cuando Dios está a su favor, no importa quién o qué esté en su contra (vea Romanos 8:31).

Siga adelante y viva con esperanza. Quizá fracasó en el pasado, pero puede vencer hoy. Quizá haya cometido errores en el pasado, pero puede tomar decisiones sabias hoy. Es probable que se haya rendido en el pasado, pero puede perseverar hoy. Posiblemente haya titubeado en el pasado, pero puede ser audaz hoy. La gente quizá le dijo que "no puede" en el pasado, pero hoy usted puede. Escape de la jaula que ha evitado que disfrute lo mejor de Dios en su vida. Remóntese más alto hacia los planes y propósitos que Él tiene para usted. Y si las cosas se ponen difíciles, no se preocupe ni tenga miedo. ¡Usted PUEDE hacerlo!

CAPÍTULO 4

LA ENERGÍA DE LA ESPERANZA

Los recordamos constantemente delante de nuestro Dios y Padre a causa de la obra realizada por su fe, el trabajo motivado por su amor, y la constancia sostenida por su esperanza en nuestro Señor Jesucristo.

1 Tesalonicenses 1:3

La esperanza es de mente y mirada dulce. Dibuja imágenes; teje fantasías; llena el futuro de deleite.

—Henry Ward Beecher

Cuando hablo con la gente acerca de la esperanza he descubierto que muchos de ellos tienen un concepto equivocado de lo que realmente es la esperanza. Y si no entiende qué es algo o como funciona, puede dejar que se desmorone rápidamente.

Esto me recuerda una historia divertida que alguien compartió conmigo acerca de los desafíos de entrenar al equipo de fútbol de su hijo de cuatro años. Dijo que se presentó en las canchas de fútbol para la primera práctica de la temporada un poco nervioso. Nunca antes había entrenado a un equipo de fútbol, y ninguno de los niños había jugado fútbol jamás, así que sabía que el trabajo era perfecto para él. Los muchachos llegaron a tiempo, llevando sus botas de fútbol nuevas, pateando sus balones brillantes multicolores. Todos parecían emocionados.

Este entrenador novato reunió a los compañeros de equipo de cuatro años a su alrededor mientras los orgullosos y embobados padres tomaban una fotografía tras otra en sus teléfonos para publicarlas rápidamente como: "¡Primera práctica del año!" en los sitios de las redes sociales para que todos lo vieran. El entrenador les explicó a los niños que iban a tener una "temporada excelente" y que en cada práctica iban a jugar "juegos divertidos" para ayudarlos a cada uno a aprender las habilidades del fútbol. Los niños gritaron de emoción a la mención de juegos, así que el entrenador decidió comenzar la práctica con un ejercicio de relevos. Les dijo: "Muy bien, muchachos. ¡Hoy vamos a tener una carrera de relevos!". Los niños gritaron al unísono: "¡Sí!". Sintiéndose confiado por la respuesta entusiasta de estos niños de preescolar, el entrenador formó a los niños en dos filas, y les instruyó cómo conducir el balón al cono y luego cómo conducirlo de regreso. Les dijo: "Es como una carrera de relevos, la única diferencia es que van conduciendo un balón de fútbol". Nuevamente los niños gritaron de gusto.

"¿Están listos, chicos?", exclamó el entrenador. "¡Síííííí!", gritaron los niños al unísono. "En sus marcas…Listos… ¡FUERA!".

Cuando el entrenador gritó "¡FUERA!" se desató el pandemonio. En lugar de que el primer jugador de cada fila corriera hacia el cono mientras el resto de los niños esperaban su turno (un comportamiento normal de una carrera de relevos), todos los niños comenzaron a correr a toda velocidad en todas direcciones al mismo tiempo. Escucharon "FUERA"…¡así que salieron corriendo! No hubo orden, ni estructura; solo caos. Le llevó al entrenador, con la ayuda de varios padres sorprendidos, pero risueños, 10 minutos en total reunir de nuevo a los niños: a algunos los sacaron de la portería, a otros los rescataron del puesto de dulces y encontraron a un niño confundido en otro campo tratando de unirse a un equipo rival.

Cuando el entrenador llegó a casa después de la práctica esa noche, sintiéndose más cansado de lo que jamás se había sentido en toda su vida, le contó a su esposa (una maestra de primaria) acerca del fiasco. "Los formé —dijo—, les expliqué que íbamos a tener una carrera de relevos. Grité: 'En sus marcas…listos… ¡FUERA!'. ¿Qué podía salir mal?". Su esposa se rió para sí misma y le explicó a su confundido esposo que los niños de su equipo solamente tenían cuatro años; todavía no estaban en la escuela primaria. A estos niños probablemente no les habían enseñado las reglas de una carrera de relevos porque no habían estado en situaciones de grupo con competiciones en equipo. Lo único que estos alumnos de preescolar habían escuchado era "carrera" y "¡FUERA!", así que eso fue exactamente lo que hicieron. No entendieron la carrera, y el resultado fue frustración y desorden.

Cuando pienso acerca de esa historia, me doy cuenta de que así como los niños mal entendieron la carrera, muchas personas mal entienden la esperanza y el resultado es frustración y desorden. Hay muchas personas que piensan que la esperanza es una palabra pasiva; algo como una emoción perezosa. Suponen incorrectamente que si se sientan por allí pasivamente, solo esperando que las cosas mejoren, entonces probablemente mejorarán. Pero la esperanza no es un sentimiento de relajarse y no hacer nada. Es más que un sueño despierto o una ilusión. Si ese es su entendimiento de la esperanza, no va a tener la certeza de lo que quiere y es probable que no lo obtenga.

La esperanza nos energiza y nos motiva para actuar. Como dije antes, es la feliz y confiada expectativa de bien, y que esa feliz y confiada expectativa de bien lo lleva a dar pasos de fe y actuar en obediencia a la Palabra de Dios. La esperanza es demasiado emocionante para ser pasiva. La esperanza cree con denuedo, decide temerariamente, habla con firmeza y persevera apasionadamente.

> *La esperanza es demasiado emocionante para ser pasiva.*

En la esperanza no hay falta de acción porque no hay falta de acción con Dios. Dios siempre se está moviendo y trabajando en su vida, y Él quiere que usted avance con Él en obediencia. Una persona perezosa, procrastinadora y pasiva, jamás es una persona feliz. Cuando uno entiende el poder de la esperanza, uno es una persona lista y emocionada por avanzar en fe y hacer lo que se necesita hacer en el momento oportuno.

En ocasiones podemos estar esperando en Dios, pero la

verdadera espera no es pasiva, es bastante activa en el plano espiritual. Estamos *esperando* que Dios haga grandes cosas. Hay incontables versículos de la Escritura que hablan acerca de esperar en Dios, y en la versión Amplified Bible [Biblia Amplificada] en inglés, en cada uno de esos lugares dice "esperar y tener expectativa en el Señor". Me encanta eso porque aclara que necesitamos estar activamente esperando que Dios obre en nuestra vida. Necesitamos estar listos para avanzar sin previo aviso de parte de Dios, y mientras estamos esperando, estamos llenos de una confianza esperanzadora de que Dios está planeando algo grande y maravilloso para nosotros. ¡Todo lo que necesita hacer es pensar en una mujer embarazada que está esperando un bebé! Ella está planeando, soñando, preparando, hablando y pensando continuamente en el bebé que viene en camino.

¡Corra a la batalla y no huya de ella!

Cuando lee el libro de Salmos, una de las primeras cosas que nota es que David era un hombre lleno de esperanza y expectación. Puede escucharlo en las letras que escribió. Estos son solo algunos ejemplos:

> *Cobren ánimo y ármense de valor, todos los que* **en el Señor esperan.**
>
> Salmo 31:24 (énfasis añadido)

> **Quien en ti pone su esperanza** *jamás será avergonzado; pero quedarán en vergüenza los que traicionan sin razón.*
>
> Salmo 25:3 (énfasis añadido)

> *Y ahora, Señor, ¿qué esperanza me queda?* **¡Mi esperanza he puesto en ti!**
>
> Salmo 39:7 (énfasis añadido)

Fuera que estuviera apacentando a las ovejas en los campos, dirigiendo una banda de soldados renegados o gobernando como rey en Israel, David siempre vivió con la esperanza de que Dios iba a hacer algo sorprendente en su vida. Pero la esperanza de David no le permitía relajarse y no hacer nada. De hecho, lo opuesto es verdad. Su esperanza lo impulsaba a la acción. David confiaba en que Dios iba a hacer algo milagroso, pero sabía que era en colaboración con Dios y que él necesitaba ser obedientemente activo. Por eso es que a menudo vemos que David pide la dirección de Dios y que luego audazmente da pasos de fe (vea 1 Crónicas 14:10, 1 Crónicas 14:14, 1 Samuel 23:2, 2 Samuel 2:1).

¿Puede imaginarse qué hubiera pasado si David hubiera sido pasivo, carente de entusiasmo e indisciplinado cuando enfrentó a Goliat? Imagínese a David diciéndose a sí mismo: *Bueno, espero que Dios haga algo. Simplemente me voy a sentar aquí en las trincheras con el resto de los muchachos. Esperemos que Dios envíe un rayo para derribar a este gigante.* Si esa hubiera sido su actitud, Dios hubiera usado a alguien más para derrotar a Goliat. Dios estaba buscando a alguien que estuviera dispuesto a hacer su parte; alguien cuya esperanza lo impulsara a la acción. ¡David fue esa persona!

Cuando David apareció en el frente para traerle provisiones a sus hermanos y escuchó al gigante filisteo maldiciendo a Dios y provocando a los ejércitos de Israel, de inmediato, se llenó de esperanza. Le dijo a los hombres a su alrededor: "¿Qué dicen que le darán a quien mate a ese filisteo y salve así el honor de Israel?" (1 Samuel 17:26). No estaba pensando en la derrota; no estaba pensando en el fracaso; no estaba pensando en las probabilidades amontonadas en su contra; tenía la esperanza de que tendría éxito y que la batalla se podía ganar.

Esa esperanza llevó a David a actuar. Entre el momento en que sintió esperanza por primera vez al momento en que la victoria de hecho fue ganada, observe los pasos de acción que dio: David resistió la crítica de su hermano que trató de menospreciarlo y desanimarlo (vv. 28-30); persuadió al rey Saúl de que lo dejara luchar (vv. 32-37); se probó la armadura de Saúl pero decidió no usarla (vv. (38-39); escogió cinco piedras como municiones para su honda (v. 40); desafió a Goliat prediciendo la victoria (vv. 45-47); y corrió a la batalla (v. 48). David no tenía una actitud de:

Bueno, espero que todo salga bien. Vamos a esperar a ver qué pasa.
Tenía una actitud de: *Mi esperanza está en Dios. ¡Vamos a ganar esta batalla!* David no huyó de la batalla ni se escondió de ella como los soldados; corrió hacia ella lleno de esperanza y fe de que a través de Dios podría ganar en contra del gigante. ¡David tenía una expectativa positiva de que algo bueno iba a pasar!

La oportunidad de la esperanza

Usted puede tener el mismo tipo de actitud que tuvo David. Usted puede usar la esperanza que se está desarrollando en su corazón a medida que lee este libro para que lo lleve a buscar la dirección de Dios, tomar un paso de fe y hacer con denuedo lo que Dios ha puesto en su corazón que haga. Dios quiere hacer cosas maravillosas en su vida, pero no las va a hacer si usted está desesperanzado o negativo; Dios quiere que usted tome parte en el milagro a través de estar lleno de energía y de expectativas positivas. Quizá piense: *Desearía sentirme esperanzado, Joyce, pero no es así.* La esperanza no es algo que esperamos sentir, es algo que decidimos tener.

¡Sea esperanzado a propósito! ¡La esperanza es una poderosa oportunidad sobrenatural que usted no se querrá perder! Gran parte de nuestra energía está conectada con nuestra manera de pensar, de modo que si tenemos

> La esperanza no es algo que esperamos sentir, es algo que decidimos tener.

pensamientos esperanzadores, nuestra energía incrementará, así como disminuiría si pensáramos cosas desesperanzadoras.

Algunas personas *esperan* que Dios haga algo para cambiar su situación, y al mismo tiempo nunca hacen nada por ellos mismos. Por ejemplo, la gente no va a encontrar empleo si no busca uno. También hay personas que actúan, pero se sienten sin esperanza y negativos con respecto al resultado. Ninguno de estos tipos de personas obtendrán lo que quieren, pero están esas pocas personas que tienen un sueño inspirado por Dios; oran y actúan según Dios los va dirigiendo y permanecen esperanzados sin importar cuánto tiempo les tome ver sus sueños cumplidos.

A lo largo de la Biblia, vemos que el pueblo de Dios aprovecha oportunidades sobrenaturales y participa en sus milagros. Cuando Dios prometió derribar las murallas de Jericó, los israelitas marcharon alrededor de la ciudad, gritaron en triunfo y pelearon la batalla…¡pasos de acción! Mientras Jesús se estaba preparando para alimentar a los 5000, los discípulos organizaron a la multitud y pasaron la comida…¡pasos de acción! Antes de que Jesús sanara a la mujer con flujo de sangre, ella se abrió paso a través de la multitud y tocó el borde de su manto…¡pasos de acción! Cuando el Espíritu Santo cayó en el Día de Pentecostés, Pedro se puso delante de la gente y predicó el evangelio…¡pasos de acción! Si los hombres y las mujeres de la Biblia pudieron aprovechar sus oportunidades y dar pasos de acción decisivos, usted y yo podemos hacer lo mismo.

En su vida podría parecer algo así…

> Si usted está esperanzado con una nueva carrera, con trabajar en un campo que podría ser emocionante, con un nuevo desafío para usted, permita que la esperanza lo lleve a la acción. Usted podría tomar clases que amplíen su conocimiento en maneras que podrían beneficiarlo en esta nueva profesión. Podría hablar con personas que actualmente se encuentran en ese camino profesional y preguntarles qué puede hacer para prepararse. Entonces, cuando esté apropiadamente preparado, busque agresivamente el trabajo y hágalo con esperanza en su corazón y palabras positivas saliendo de su boca.
>
> Si a usted le falta energía y se enferma a menudo y tiene la esperanza de mejorar en su salud, deje que esa esperanza lo mueva a la acción. Podría hacerse miembro de un gimnasio local y comenzar una nueva rutina de ejercicios. Probablemente haya algunos hábitos alimenticios o patrones de sueño que podría cambiar que

incrementaran sus niveles de energía. Probablemente podría ser tan sencillo como limitar su ingesta de cafeína. Es fácil relajarse y esperar a que Dios haga algo, pero no falle en preguntarle a Dios si hay alguna acción que Él quiere que usted realice.

Si está esperando que una relación difícil mejore, permita que esa esperanza lo lleve a la acción. En lugar de esperar que la otra persona dé un paso, usted dé el paso. Quizá pueda escribirle a esa persona una nota considerada o un correo electrónico alentador. Probablemente pueda llevar a esa persona a tomar un café y disculparse por algo que usted haya hecho que la haya ofendido.

Si usted está esperando que sus finanzas mejoren, esperanzado en que pueda ir más allá de vivir al día, permita que esa esperanza lo lleve a la acción. Probablemente pueda hacer un presupuesto—o revisar su presupuesto actual—para monitorear adónde se está yendo su dinero. Probablemente podría reunirse con su jefe y pedirle nuevas oportunidades en el trabajo que incrementen su salario junto con las ganancias de la empresa.

Primero sea claro con respecto a lo que usted desea o necesita. Ore en fe por eso, y llénese de esperanza mientras espera en Dios. Asegúrese de caminar en obediencia según la dirección que le dé el Espíritu Santo. Algunas personas oran y luego dudan de que lo que pidieron sucederá alguna vez. Esas oraciones no son respondidas. Dios dijo: "Pida con fe, sin dudar" (vea Santiago 1:6). La manera de evitar que la duda entre en su corazón y mente es mantenerse lleno de esperanza y expectación positiva. La esperanza no debería ser una cosa de una sola vez, o 'intermitente'. ¡La esperanza debería ser constante en nuestra vida!

Considere en oración los pasos que Dios quiere que usted tome para ver sus sueños cumplidos. Si es algo que proviene del Señor, Él lo guiará y bendecirá su duro trabajo. Dios puso un sueño en mi corazón con respecto a enseñar su Palabra y ayudar a otras personas, puedo decir con sinceridad que no he estado inactiva desde entonces. He tenido muchos días desalentadores y tiempos difíciles, pero a lo largo de los años he aprendido a permanecer llena de esperanza. Siempre ha hecho mi vida mejor y me ha hecho una mejor persona. A medida que actúe hacia el cumplimiento de sus sueños y metas, puede pedir lo mismo que Moisés: *Que el favor del Señor nuestro Dios esté sobre nosotros. Confirma en nosotros la obra de nuestras manos; sí, confirma la obra de nuestras manos.* (Salmo 90:17). Moisés no le pidió a Dios que bendijera su pasividad inactiva; pidió que fuera confirmada la obra de sus manos.

Dios usa vasos quebrantados

Probablemente esté leyendo este capítulo y se encuentre dolorosamente al tanto de las veces en las que ha cometido errores al dar un paso en el pasado. Probablemente hubo oportunidades en las que comenzó con intenciones excelentes, emocionado por dar pasos audaces y realmente hacer que las cosas sucedieran, pero no salieron bien. Si así es como se está sintiendo, puedo ciertamente entender lo que le está pasando. Ha habido muchas veces en las que hice mi mejor esfuerzo, pero en lugar de hacer que las cosas mejoraran, sentí que empeoré el asunto. Creo que todos hemos experimentado días así. Pero no deberíamos permitir que los fracasos de nuestro pasado eviten que lo volvamos intentar en el futuro.

> No deberíamos permitir que los fracasos de nuestro pasado eviten que lo volvamos a intentar en el futuro.

Dios sabe que tenemos limitaciones y fracasos. Nuestros fracasos no lo sorprenden, y no evitan que Él obre en nuestra vida. De hecho, Dios con frecuencia usará nuestras limitaciones para demostrar su poder. Encontré una historia que ilustra lo que quiero decir:

Un aguador en India tenía dos grandes cántaros colgando de los extremos de un palo que llevaba a lo largo de su cuello. Uno de los cántaros era perfecto y siempre daba una porción de agua completa al final de la larga caminata desde el arroyo a la casa de su amo. El otro cántaro tenía una grieta, y para el momento en que llegaba a su destino, solamente estaba a medio llenar. Todos los días durante dos años el aguador le entregaba solamente uno y medio cántaros de agua a la casa de su amo. Por supuesto, el cántaro perfecto estaba orgulloso de sus logros; perfecto para el fin para el que había sido hecho. El pobre pequeño cántaro roto estaba avergonzado de sus imperfecciones y se sentía miserable porque solamente podía lograr la mitad de aquello para lo que estaba diseñado. Después de dos años de lo que el cántaro imperfecto percibía ser un amargo fracaso, le habló al aguador y le dijo: —Estoy avergonzado de mí mismo y me quiero disculpar contigo.

—¿Por qué? —le preguntó el aguador—. ¿Qué es lo que te avergüenza?

—Bueno, durante estos dos últimos años, he podido solamente entregar la mitad de la carga de agua todos los días ya que la abertura en mi costado permite que el agua se fugue cuando vamos de regreso a casa del amo. Debido a mis defectos, has tenido que hacer todo este trabajo sin obtener el valor completo de tus esfuerzos —dijo el cántaro—.

El aguador sintió lástima del viejo cántaro quebrado, y en su compasión le dijo: "Cuando regresemos a la casa del amo, quiero que veas las hermosas flores a lo largo del sendero". De hecho, cuando subieron la colina, el viejo cántaro quebrado vio las hermosas flores silvestres a un lado del sendero. Pero al final del sendero, todavía se sentía mal porque nuevamente había perdido la mitad de su carga.

Entonces el aguador le dijo al cántaro: "¿Viste que solamente había flores de tu lado del sendero y no en el lado del otro cántaro? Eso es porque siempre he sabido de tu defecto y lo aproveché al plantar semillas de flores de tu lado del sendero. Todos los días cuando volvíamos del arroyo, tú regaste esas semillas y durante dos años he recogido esas hermosas flores para decorar la mesa de mi amo. Si tú no fueras simplemente quién eres, él no podría haber tenido esta belleza que adornara su casa".[1]

Al igual que ese cántaro quebrado, usted también puede lograr cosas maravillosas. No importa que tenga defectos y limitaciones. No permita que lo que usted percibe ser una debilidad lo estorbe para tomar pasos valientes inspirados por la esperanza. 2 Corintios 12:10 dice: "...Por eso me regocijo en debilidades, insultos, privaciones, persecuciones y dificultades que sufro por Cristo; porque cuando soy débil, entonces soy fuerte". ¿No es reconfortante saber eso? Incluso cuando usted es débil, usted es fuerte porque Dios está con usted. Él está usando cada parte de su vida; incluso las grietas para crear algo hermoso.

¡Viva con esperanza!

La esperanza es emocionante porque usted tiene una parte que llevar a cabo. Usted no tiene que relajarse, solo esperando que caiga una respuesta del cielo. Usted puede llevarle sus esperanzas a Dios, pedirle su sabiduría, guía y dirección, y luego dar pasos reales y prácticos hacia su meta. No importa lo difícil que pueda parecer la tarea o las probabilidades que tenga amontonadas en su contra; deje que la esperanza lo impulse a la acción, un día a la vez. Además de hacer obedientemente lo que usted siente que Dios lo está guiando que haga, usted puede agradecerle a Dios agresivamente que esté obrando en su vida. Usted puede siempre mantener una actitud positiva y hablar con su boca palabras positivas. Usted puede recordar otras victorias que haya tenido en el pasado y ser alentado por ellas. La victoria requerirá determinación y disciplina, pero los resultados serán dinámicos. Así que siga adelante y viva con esperanza. Dios ayudó a David a vencer a un gigante. Puede hacer lo mismo por usted.

CAPÍTULO 5

CONOZCA AL NUEVO USTED

Así, todos nosotros, que con el rostro descubierto reflejamos como en un espejo la gloria del Señor, somos transformados a su semejanza con más y más gloria por la acción del Señor, que es el Espíritu.

2 Corintios 3:18

Hay tres cosas extremadamente duras: el acero, un diamante y conocerse a uno mismo.

—Benjamín Franklin

El cambio no es fácil; incluso el buen cambio requiere un poco de tiempo acostumbrarse a él. Cuando Dios nos cambia, nos toma tiempo confiar en que realmente hemos cambiado. El apóstol Pablo sabía que eso era cierto.

Cuando pensamos en Pablo, pensamos en un gigante espiritual, autor de buena parte del Nuevo Testamento. Cuando alguien se levanta en la iglesia hoy y dice: "Vamos a leer lo que dijo Pablo en Romanos", o: "Como dijo Pablo en Gálatas", nadie lo cuestiona. Pero hubo un tiempo en el que Pablo era un tipo a quien que todo el mundo cuestionaba. No era el gran apóstol; era solo un hombre con un nombre nuevo y una mala reputación: *Fariseo de fariseos. Perseguidor de la primera iglesia. Alguien en quien no se podía confiar.* Así que me pregunto si hubo un periodo de ajuste; un tiempo en el que Pablo se sentía más como Saulo que como Pablo. Me pregunto si le llevó tiempo a Pablo dejar ir a Saulo. Me pregunto si alguna vez estrechó la mano de alguien y dijo: "Hola. Soy Sau...emmm...quiero decir, Pablo. Soy Pablo".

La mayoría de las mujeres que han estado casadas saben que un

46

cambio de nombre requiere un poco tiempo para acostumbrarse a él. Usted era Mary Smith, pero ahora es Mary Styborski. Solía ser Sally Jones, pero ahora es Sally Rigglestein. Toma tiempo sentirse cómoda con un nuevo nombre, pero tenga en mente que Pablo estaba tratando con más que solamente un cambio de nombre; Pablo estaba abrazando un cambio de corazón y también de naturaleza. Imagíneselo diciendo: *"Hola. Soy Pablo. Ahora soy seguidor de Jesús. Me gustaría contarle acerca de Él"*. Seguramente la gente veía a este fariseo perseguidor de cristianos convertido en predicador y pensaba: *Un momento. Este es ese tipo Saulo. He escuchado acerca de él. Persigue y arresta cristianos… ¡No confío en él y se me hace difícil creer que realmente haya cambiado!*

Aunque solamente podemos especular cómo reaccionaba la gente en general a la nueva identidad de Pablo, la Biblia nos dice exactamente cómo reaccionaron los discípulos: no le creyeron. No estaban convencidos de que Pablo fuera un nuevo hombre. Hechos 9:26 dice: "Cuando llegó a Jerusalén, trataba de juntarse con los discípulos, pero todos tenían miedo de él, porque no creían que de veras fuera discípulo". Fue solo porque Bernabé se levantó delante de los discípulos y respondió por el carácter de Pablo que consideraron aceptarlo siquiera. Por supuesto, sabemos que finalmente lo hicieron y el resto es historia bíblica. Pero hay una frase en el versículo anterior al que quiero atraer su atención: "porque no creían que de veras fuera discípulo". Lo único que podría hacer esa frase más trágica sería que dijera: Pablo *no creía que realmente fuera discípulo*.

Mire, Pablo no podía controlar lo que los discípulos pensaran. Bernabé tuvo que hablar con los discípulos, y Dios tuvo que cambiar sus corazones. Nada de eso estaba en manos de Pablo. Lo único que Pablo podía controlar era su propia actitud. La verdad sea dicha, probablemente no importaba lo que los demás creyeran. Lo que realmente importaba era lo que *Pablo* creyera. Si nunca se hubiera apropiado de la nueva persona que era en Cristo, nunca hubiera realizado su destino. Se puede imaginar a Pablo caminando en círculos pensando: *Desearía viajar y predicar la Palabra de Dios. Eso es lo que está en mi corazón hacer. Pero yo era perseguidor de la iglesia. Siempre seré Saulo.* O si pensó: *Comencé tarde en la vida. No hay manera en que pueda hacer lo que desearía hacer para Dios. Fui Saulo demasiado tiempo.* Si esta hubiera sido su actitud, Pablo podría haber sido miserable, y no podría haber logrado todo lo que Dios tenía preparado para que él hiciera.

Pero una vez que Dios comenzó a trabajar en su vida, Pablo entendió que ya no era más Saulo, así que dejó de vivir como Saulo. Ya no pensaba como fariseo, hablaba como fariseo o actuaba como fariseo. Las cosas eran diferentes ahora. Había cambiado. Le habían dado esperanza. Y decidió actuar sobre ello.

Fue Pablo quien, bajo la inspiración del Espíritu Santo, escribió:

> *De modo que si alguno está en Cristo, nueva criatura es; las cosas viejas pasaron;* **he aquí todas son hechas nuevas.**
> 2 Corintios 5:17 RVR1960 (énfasis añadido)

> *Para nada cuenta estar o no estar circuncidados; lo que importa es* **ser parte de una nueva creación.**
> Gálatas 6:15 (énfasis añadido)

Pablo ahora estaba lleno de esperanza y estaba emocionado por su nueva vida porque todas las cosas habían sido "hechas nuevas"; ahora era una "nueva creación" en Cristo Jesús. Pablo ya no andaba por allí pensando, hablando, preocupándose, trabajando y actuando como Saulo. Había cambiado. Pablo abrazó lo nuevo que Dios estaba haciendo en su vida, las nuevas oportunidades que estaban delante de él y la nueva persona que Dios lo había destinado a ser.

Deje ir al viejo hombre

Lo que era cierto en la vida de Pablo también es cierto en su vida. Usted también es una "nueva creación" (el resultado de un nuevo nacimiento y una nueva naturaleza en Cristo Jesús), y usted también puede experimentar que "todas [las cosas] son hechas nuevas". Usted no es la persona que solía ser. Dios ha hecho mucho en su vida; Él lo ha cambiado. Estoy segura de que, como yo, usted se encuentra lejos de la perfección, pero también estoy seguro de que ha avanzado y de que ha andado un largo trecho hacia un cambio positivo. Si usted se detuviera a pensar en quien solía ser—las cosas con las que solía batallar—se emocionaría bastante de lo lejos que Dios lo ha traído.

Mi esposo, Dave, me estaba hablando justo esta mañana acerca de un hombre con el que juega golf. Este hombre compartió con Dave que su esposa, aunque es cristiana, nunca se ha recuperado del abuso que sufrió en su niñez. A lo largo de los años ha tenido problemas mentales y emocionales y ahora está teniendo muchos problemas físicos debido al estrés interno bajo el que vive. Mientras Dave y yo hablábamos acerca de ello y discutíamos por qué algunas personas con el mismo pasado

> Si usted se detuviera a pensar en quien solía ser —las cosas con las que solía batallar— se emocionaría bastante de lo lejos que Dios lo ha traído.

pueden recuperarse, mientras que otras no, ambos llegamos a la misma conclusión. Para poder recuperarnos del dolor del pasado, debemos creer verdaderamente que somos nuevas criaturas en Cristo. Debemos dejar ir completamente al viejo yo que éramos y aprender a vivir la vida de resurrección que Jesús ha provisto. Debemos dejar de identificarnos con la persona pecaminosa, herida o maltratada que solíamos ser y comenzar a identificarnos con la nueva persona que Dios nos ha hecho en Cristo.

En la vida del creyente, la esperanza está arraigada en el entendimiento de que Dios cambia cosas. Cambio, nuevo nacimiento, transformación: estas son las buenas noticias del evangelio. Por su cuenta, usted estaba perdido, quebrantado, lejos de Dios y sin esperanza. Pero por su gran amor, Dios envió a Jesús para que usted pudiera ser hallado, sanado, reconciliado con Él y su esperanza pudiera ser restaurada. La salvación se trata de cambio; el cambio es hecho posible gracias al amor de Dios por usted y por mí.

No solamente la salvación se trata de cambio, sino también su diario caminar con Dios. A través de toda la Escritura, cada vez que las personas tenían un encuentro con Dios, ocurría un cambio. Abram se convirtió en Abraham (vea Génesis 17:5). Saraí se volvió Sara (vea Génesis 17:15). Jacob llegó a ser Israel (vea Génesis 32:28). Simón terminó siendo Pedro (vea Juan 1:42). Saulo se convirtió en Pablo (vea Hechos 13:9). Y no solamente fueron sus nombres los que cambiaron; la dirección de la vida de la gente cambió. El pastor se volvió rey. El fugitivo se convirtió en el líder de la nación. Los pescadores llegaron a ser discípulos. El fariseo terminó siendo un apóstol.

> Cuando usted cae en cuenta de que es una nueva persona, tiene una nueva esperanza.

Pero es importante observar que, junto con Pablo, cuando Dios hizo un cambio en la vida de estos hombres y mujeres, ellos abrazaron las nuevas personas que Dios creó que fueran. David no andaba por allí con la mentalidad de un pastorcillo; él abrazó su papel como rey. Moisés ya no se escondió con temor de Faraón; firmemente declaró: "¡Deja ir a mi pueblo!". Pedro ya no estaba asustado; se levantó y le predicó a miles el Día de Pentecostés. Cada persona abrazó lo que Dios había hecho—y lo que estaba haciendo—en su vida…y también usted puede hacerlo. De hecho, si usted no lo hace, siempre batallará y vivirá un nivel bajo de vida, lejos de la vida emocionante y poderosa que es suya en Jesús.

Déjeme preguntarle: ¿Cree que Dios lo ama incondicionalmente? ¿Cree que TODOS sus pecados han sido perdonados? ¿Cree que usted es una nueva criatura con un nuevo corazón y espíritu? ¿Se ha aceptado a usted mismo? ¿Se agrada de sí mismo? ¿Cree que el futuro guarda cosas emocionantes para usted?

Si usted cree estas cosas, entonces permítame felicitarlo porque está en camino de cosas sorprendentemente buenas. Si no cree estas cosas, entonces es momento de estudiar la Palabra de Dios hasta que lo crea. Crea las promesas de la Palabra de Dios más de lo que usted cree en cómo se siente, y no se rinda hasta que obtenga la victoria. Renueve su mente a las realidades de la nueva creación. ¡Cosas como que usted es justicia de Dios en Cristo! ¡Usted ha sido justificado y santificado a través de la sangre de Jesús! ¡Usted tiene talentos y habilidades dadas por Dios! ¡Dios vive en usted y Él nunca lo dejará ni lo desamparará! Cuando usted cae en cuenta de que es una nueva persona, tiene una nueva esperanza.

La persona que usted solía ser, los errores que solía cometer, las cosas injustas que le sucedieron, las batallas que solía tener; esas cosas ya no lo retienen más. Ya no ande por allí diciéndose: *Tengo un problema con el enojo. Simplemente no puedo controlar mi temperamento*. No, ese era el viejo usted. Dios lo ha cambiado por dentro, y usted está siendo transformado por su poder dentro de usted. Ahora es una persona llena de la paz y el gozo del Señor. Abrace a esa persona. Comenzamos creyendo las buenas noticias del evangelio, y luego renovamos nuestra mente a través de estudiar la Palabra de Dios, y comenzamos a vivir en la realidad de la nueva persona que somos en Cristo.

En lugar de ir por la vida con una mentalidad de víctima, diciéndose a sí mismo: *Bueno, simplemente no puedo confiar en nadie. Nunca tendré una relación saludable a causa de la disfunción de mi pasado*, o: *No sirvo para nada*, abrace el poder sanador de Dios en su vida. Usted es una nueva persona. Él está sanando cada herida y restaurando lo que perdió. De hecho, Él va a darle bendiciones dobles por lo que le fue quitado (vea Isaías 61:7). Si usted fue lastimado en el pasado, eso no lo convierte en una víctima por el resto de su vida.

> Usted puede pasar cada día confiadamente sabiendo que es más fuerte de lo que solía ser, porque cada día Dios va a hacer una gran obra en su vida.

víctima por el resto de su vida. Usted puede vencer ese dolor y vivir una vida vencedora y victoriosa. Usted es una nueva creación en Cristo, lleno de nueva fuerza y esperanza. ¡Recuerde, su historia no es su destino!

Usted puede pasar cada día confiadamente sabiendo que es más fuerte de lo que solía ser, porque cada día Dios va a hacer una gran obra en su vida. Eso no quiere decir que haya logrado todo lo que quiere lograr, y no quiere decir que usted lo hace todo a la perfección ahora, sino significa que usted puede tener una nueva esperanza. Una esperanza que los inspire a decir como Pablo: "No es que ya lo haya conseguido todo, o que ya sea perfecto. Sin embargo, sigo adelante esperando alcanzar aquello para lo cual Cristo Jesús me alcanzó a mí" (Filipenses 3:12).

No pase otro día diciendo: "No lo puedo hacer", "No voy a tener éxito", o: "No soy suficientemente bueno". Esas son palabras sin esperanza. Probablemente esas cosas describían a su viejo usted, pero ciertamente no describen a su nuevo usted en Cristo. Usted es un hijo de Dios. Usted es más que vencedor. Usted es la cabeza y no la cola. Usted es justicia de Dios en Cristo Jesús. Mayor es el que está en usted que el que está en el mundo.

El nuevo usted tiene una herencia

Cuando se volvió creyente, usted se volvió parte de una nueva familia, la familia de Dios. Ahora usted tiene hermanos y hermanas en Cristo que entienden lo que está pasando y que lo pueden alentar a lo largo del camino, y tiene un Padre celestial que jamás lo va a dejar. Una de las muchas bendiciones que usted recibe de su Padre celestial es una herencia. Efesios 1:18 dice:

> *Pido también que les sean iluminados los ojos del corazón para que sepan a qué esperanza él los ha llamado, cuál es la* **riqueza de su gloriosa herencia** *entre los santos...* (énfasis añadido).

A través de Cristo, se nos ha provisto una herencia a cada uno de nosotros. Eso significa que no somos siervos asalariados trabajando para obtener algo de Dios, sino que somos sus hijos y somos sus herederos. Como coherederos con Cristo, obtenemos lo que Él ha ganado y por lo que se ha sacrificado por nosotros. La Biblia dice que todo lo que es suyo ahora es nuestro (vea Juan 16:15). Y cuando cae en cuenta de que usted tiene una herencia en Dios, cambia la manera en que usted ve las cosas. Sus problemas no parecen ser tan grandes, sus frustraciones no parecen tan importantes, el futuro no parece tan atemorizante: usted puede estar lleno de gozo y lleno de esperanza, ¡porque Dios ya ha provisto todo lo que usted necesita!

Servimos a un buen Dios, y Él quiere inundar su vida con cosas buenas. Si usted pasa cada día preocupándose por cómo se va a pagar una cuenta, temeroso de que no va a obtener la promoción en el trabajo, amargado por lo que alguien dijo tras sus espaldas, no está viviendo como un hijo que entiende que tiene una herencia. La preocupación, el temor y la amargura son rasgos del viejo usted. El

> Como coherederos con Cristo, obtenemos lo que Él ha ganado y por lo que se ha sacrificado por nosotros. La Biblia dice que todo lo que es suyo ahora es nuestro (vea Juan 16:15).

nuevo usted puede confiar, tener seguridad y perdonar porque usted cree que Dios puede tomar cualquier cosa que le suceda y hacerla obrar para bien; Él tiene cosas buenas preparadas para usted. Si alguien más obtiene esa promoción, Dios obviamente tiene algo mejor para usted. No se preocupe ni se deprima. Abrace al nuevo usted—caiga en cuenta de que tiene una gran herencia en Dios—y viva con esperanza por lo que Dios le va a enseñar y la manera en que le va a suplir a través de esta situación. Si alguien dice algo malo acerca de usted, en lugar de amargarse, pregúntele a Dios cómo manejar la situación. En el pasado, probablemente haya perdido los estribos y le haya reclamado a esa persona; pero ese era el viejo usted. Dios lo ha traído por un largo camino desde entonces. Usted tiene una herencia en Él, y Él puede convertir esa situación en algo bueno.

Nuevas expectativas todavía mayores

Comenzamos este libro hablando acerca de expectativas. Y al terminar este capítulo y esta primera sección, quiero alentarlo a que de hecho comience a aumentar esas expectativas. ¡Tenga la esperanza de ir más alto! Entre más esperanza tenga, será más fácil caminar por fe. Mi oración es que Dios haya estado desarrollando su fe a lo largo de estos primeros cinco capítulos; por eso es que creo que es tiempo de esperar todavía más de Dios. Él lo ama mucho y quiere bendecir su vida más allá de toda medida (vea Efesios 3:20).

Decimos que una mujer embarazada está "esperando". Por eso es que ella comienza a hacer planes. Ella está actuando sobre su expectativa: comprando ropa, botellas, instalando la cuna y preparando la habitación. Necesitamos actuar como personas que están esperando. Deberíamos levantarnos en la mañana haciendo planes para que Dios haga algo grande. Con la ayuda de Dios podemos pensar: *Hoy puede ser el día. Este es el día que hizo el Señor, y algo grande está por sucederme.* Aun y cuando Dios no haga exactamente lo que usted le está pidiendo, trate de ampliar su visión. Probablemente usted le está pidiendo algo Dios, pero Él tiene algo mejor en mente. No solo pida lo bueno; crea y espere lo excelente.

Despierte cada día diciendo: "Tengo una feliz y confiada expectativa de que algo sorprendente va a suceder hoy. Mi cónyuge me va a bendecir. Mis hijos se van a comportar bien. Voy a recibir noticias excelentes en el trabajo. Dios me va a dar la oportunidad de bendecir a alguien. Una bendición va a venir en el correo. Hoy voy a experimentar una victoria". No tenga miedo de confiar, creer y declarar bendiciones sobre sus días desde el momento en que despierte. He decidido referirme a este libro como "El libro feliz". Creo que cualquiera que lo lea va a ser más feliz que nunca antes. ¡La esperanza es una expectación gozosa y confiada de que algo bueno está a punto de suceder! La esperanza remueve los límites de

> *Deberíamos levantarnos en la mañana haciendo planes para que Dios haga algo grande.*

nuestras expectativas. ¿Está usted esperando poco o mucho del Señor? Quizá se encuentre esperando a medias que Dios haga algo. Probablemente esté creyendo a medias que venga algo bueno, pero quiero desafiarlo a que crea completamente y de

> *Si algo bueno le puede suceder a cualquiera, ¡entonces le puede suceder a usted!*

todo corazón por cosas mayores que nunca antes. Quiero desafiarlo a creer que Dios puede usarlo en una mejor manera. Si usted escribe canciones, ¿por qué Dios no podrá darle la mejor canción que se haya escrito? Si usted predica la Palabra, ¿por qué Dios no puede darle un mensaje tan poderoso, tan maravilloso, que cada vez que sea predicado libere a los cautivos? Si usted está criando a sus hijos, ¿por qué sus hijos no pueden crecer a ser personas que cambien al mundo? ¿Por qué no puede ser promovido en su empleo? ¿Por qué no puede conocer a la persona con la que se va a casar y tener una vida sorprendentemente buena? ¿Por qué no puede vencer esa herida? ¿Por qué no puede hacer una diferencia en la vida de los que están a su alrededor? Es tiempo de comenzar a vivir con un nuevo nivel de expectativa esperanzada. Crea que si algo bueno le puede suceder a cualquiera, ¡entonces le puede suceder a usted!

¡Viva con esperanza!

Cuando se vea en el espejo hoy, espero que se vea a sí mismo como Dios lo ve. Usted no es una persona perdida, quebrada, vencida, impotente. No es una persona incapaz de controlar su mente o sus emociones, y no es una persona que no pueda dejar atrás su pasado. ¡Usted es mucho más que esas cosas! Usted es más que vencedor (vea Romanos 8:37). Usted es una nueva creación en Cristo, y Dios está obrando en su vida. Poco a poco, un día a la vez, Dios lo está cambiando. Usted puede vivir de una manera distinta de lo que solía porque usted es un vencedor. Crea estas verdades. ¡Siga adelante y viva con esperanza!

ESPERANZA CUANDO ESTÁ HERIDO

. . . .

Tenemos como firme y segura ancla del alma una esperanza que penetra hasta detrás de la cortina del santuario.

Hebreos 6:19

Necesitamos esperanza todo el tiempo, pero especialmente cuando estamos sufriendo. La esperanza parece más elusiva cuando estamos en medio de la dificultad o un dolor personal de cualquier tipo. No obstante, es vital no usar "estoy pasando por tiempos difíciles" como una excusa para estar desanimado, deprimido y desesperanzado.

Aunque es más difícil, también es más importante que nunca tener esperanza durante los tiempos de lucha. Dios quiere hacernos salir adelante, no quedarnos atorados en el dolor.

Cuando venga la pérdida, enfrentemos la pérdida y, en el proceso, no nos perdamos a nosotros mismos. Cuando la tragedia venga, lloremos apropiadamente y no demos lugar al espíritu de duelo que puede convertir toda nuestra vida en una tragedia. Cuando estemos decepcionados, recobremos el enfoque. ¡Cuando estemos deprimidos, alcemos los ojos porque nos sentiremos mejor si mantenemos la cabeza en alto!

¡Todo acerca de Jesús es hacia arriba! Él vino del cielo, regresó al cielo cuando su obra aquí fue consumada, y se nos prometió que Él volverá nuevamente en las nubes y que todo ojo lo verá. Él levanta nuestra cabeza, nuestro espíritu y nuestra vida. Por otro lado, tenemos un enemigo llamado Lucifer, Satanás, el gran engañador, o el diablo, y todo lo que el ofrece va hacia abajo. Él ofrece depresión, desánimo, abatimiento, enfermedad, desaliento, desesperanza, divorcio, muerte, etcétera.

Estoy declarándole la guerra a la desesperanza y le estoy pidiendo que se me una en la lucha en su contra. Cada uno de nosotros que haga el compromiso de difundir esperanza dondequiera que vayamos se volverá parte de la respuesta que el mundo necesita.

CAPÍTULO 6

ALCE SUS OJOS

A las montañas levanto mis ojos; ¿de dónde ha de venir mi ayuda? Mi ayuda proviene del Señor, creador del cielo y de la tierra.

Salmo 121:1-2

La esperanza es aquello que tiene plumas y se posa en el alma y canta la melodía sin las palabras y jamás se detiene.

—Emily Dickinson

Una de las cosas que me gusta hacer cuando tengo tiempo para descansar es ver películas. Dave y yo pasamos tanto tiempo viajando que cuando llego a casa espero descansar en mi sillón reclinatorio con mi perro en mi regazo y disfrutar un par de horas relajándome frente a una película entretenida. Probablemente usted es de la misma manera; hay algo simplemente disfrutable en ver una película verdaderamente buena.

No importa el tipo de películas que le guste ver (a mí me gustan las clásicas o un buen misterio), todos hemos visto la misma escena. Es una favorita de Hollywood y encuentra la manera de infiltrarse en películas de acción, aventura, policíacas, de guerra e incluso en las comedias románticas. Estoy hablando acerca de la escena de "miedo a las alturas". La ha visto, ¿no? El ambiente es diferente pero el dilema es el mismo: ¡ALTURAS! El personaje principal está parado de puntas en un borde estrecho, o titubea en cruzar un puente tambaleante o trepa nerviosamente una torre en la ciudad y el desastre parece inevitable. En cada una de estas escenas, nuestro héroe se encuentra ridículamente en alto, el viento está soplando, su pie se resbala una o dos veces, la música incrementa...¡estoy tan nerviosa que apenas y puedo ver!

Si usted ha visto esta escena desarrollarse tantas veces como yo, sabe que hay una línea de diálogo clásica que al parecer alguien siempre proclama en esta situación. Justo cuando el personaje, o personajes, están atravesando la parte más estrecha del borde, pasando por la sección más tambaleante del puente, o trepando

> *Sin importar lo que haga, no vea hacia abajo.*

la ladera más peligrosa de la montaña, alguien dice estas palabras: "Sin importar lo que haga, ¡no mire hacia abajo!". Parece un buen consejo, ¿no es así? Simplemente manténgase enfocado hacia donde va, siga avanzando y *no mire hacia abajo*. Pero por alguna razón, nuestros personajes favoritos del cine pocas veces escuchan. Es bastante predecible. Lo primero que hacen es ver para abajo, y el resultado siempre es el mismo: pánico.

Probablemente usted hoy se pueda identificar. Por supuesto, usted no se encuentra a miles de pies o metros de altura en este momento (por lo menos espero que no sea así), pero quizá se encuentra en el borde de una lucha financiera y siente que está a punto de resbalar. Probablemente se encuentre en una relación que está yendo y viniendo y sacudiéndose como un puente tambaleante, y posiblemente usted siente como si fuera a colapsar en cualquier momento. Quizá usted esté trepando sobre un obstáculo tan alto que lo tenga nervioso y asustado. Si ese es el caso—si usted está sufriendo hoy—quiero darle el mismo consejo familiar: Sin importar lo que haga, no vea hacia abajo.

Yo digo "no vea hacia abajo" porque muchas personas ponen la mirada en las cosas equivocadas cuando se encuentran en situaciones difíciles. Se enfocan en el tamaño del problema, los riesgos que están enfrentando, las cosas negativas que otros están diciendo, el dolor de su pasado, sus propios sentimientos y emociones poco saludables, o sus temores de fracasar. Pero no hay esperanza en ninguna de estas cosas negativas. Esas son todas las cosas que están "abajo", y verlas no lo ayudarán a lograr subir.

La Biblia nos da una mejor opción cuando estamos en necesidad de ayuda. En lugar de ver hacia abajo a las cosas que no nos pueden ayudar, la Palabra de Dios nos dice que veamos hacia arriba; que pongamos nuestro enfoque en Aquel que siempre nos ayudará. Hebreos 12:2 dice: "Fijemos la mirada en Jesús, el iniciador y perfeccionador de nuestra fe...", e Isaías 45:22 dice: "Vuelvan a mí y sean salvos, todos los confines de la tierra, porque yo soy Dios, y no hay ningún otro". Cuando estaba en problemas, David volteaba y miraba hacia los cielos, porque sabía que su ayuda viene de lo alto (vea Salmo 121:1-2). Quiero alentarlo a hacer lo mismo. Cuando usted esté pasando por algo y no esté seguro de qué hacer, adónde ir, o incluso adónde mirar...solamente vea hacia arriba. Busque al Señor. Él es el único que puede ayudarlo. Él es el que lo rescata. Él es el que se rehúsa a dejarlo caer. Jesús dijo que levantáramos la cabeza, porque nuestra redención se acerca (vea Lucas 21:28). Nuestra redención no está en ver hacia abajo. Ponemos nuestros ojos en Dios esperando que Él nos redima.

La frase "mirar hacia arriba" significa más que solamente ver el cielo. Significa tener una actitud esperanzada, una perspec-

> Cuando usted esté pasando por algo y no esté seguro de qué hacer, adónde ir, o incluso adónde mirar...solamente vea hacia arriba.

tiva positiva y una expectativa de algo bueno. Dios es bueno, y Él siempre está planeando algo bueno para nosotros.

Nada puede tomar el lugar de Dios

Con frecuencia recurrimos a personas o a cosas durante tiempos de incertidumbre, y eso es entendible, pero usualmente ineficaz. Aunque sabemos que deberíamos confiar en Dios, y aunque creemos que nos ama y que tiene un plan para nuestra vida, hay una tentación natural de asirnos de algo tangible; algo que podamos ver con el ojo natural. Podemos ver a Dios, pero debemos verlo con los ojos de la fe. Lo vemos con nuestro corazón, y siempre deberíamos poner nuestra esperanza en Él.

A medida que viajo por el mundo ministrando a la gente, orando por ellos y ayudándolos a vencer en sus luchas, he descubierto que hay muchas cosas a las que las personas recurren cuando están sufriendo antes de buscar a Dios. Estos son solamente algunos de los ejemplos más comunes:

Recurrir a los amigos

Es excelente tener amigos con los cuales hablar y en quienes confiar cuando se está sufriendo, especialmente a amigos que sean creyentes, que van a orar por usted y a animarlo. No obstante, sus amigos no tienen todas las respuestas. Aunque puedan ser bien intencionados, pueden dirigirlo en la dirección equivocada si su consejo no se alinea con la Palabra de Dios. Nuestros amigos podrían sentir compasión por nosotros, pero podrían no tener la disposición de ser lo suficientemente veraces para decirnos lo que necesitamos oír. Recuerdo cuando Dave me dijo que necesitaba dejar de sentir compasión de mí misma. No me gustó y me enojé con él, pero lo que me dijo era verdad y necesitaba escucharlo. Dave me amó lo suficiente como para darme lo que necesitaba en lugar de lo que deseaba. He visto situaciones en las que los amigos han mantenido a alguien atorado en una disfunción porque estaban habilitando a la persona en lugar de decirle lo que realmente necesitaba escuchar.

No hay nada malo con depender de sus amigos en tiempos difíciles, pero no permita que sus amigos tomen el lugar de Dios en su vida. Acuda primero al Señor cuando esté sufriendo, y busque la dirección de Dios en esa situación. Después de haber pasado tiempo en la Palabra y de buscar al Señor en oración, entonces quizá quiera buscar a sus amigos y compartirles lo que usted cree que el Señor le está diciendo. Recuerde, sus amigos son humanos, al igual que usted. Su capacidad para ayudarlo es limitada. Si usted depende solamente de ellos, terminará decepcionado.

Recurrir al cónyuge

Una de las cosas que aprendí al principio de mi matrimonio es que no podía depender de Dave para que él fuera la fuente de mi felicidad; ese es el lugar de Dios. Dios es la fuente de nuestro gozo (vea Salmo 43:4), no nuestro cónyuge.

Recuerdo que hubo momentos en los que solía enojarme con Dave porque él prefería irse a jugar golf o ver un partido de fútbol en lugar de pasar la mañana conmigo. No era que Dave me estuviera descuidando—él es un esposo excelente y le encanta pasar tiempo conmigo—pero yo quería que estuviera conmigo todo el tiempo. Estaba molesta porque estaba recurriendo a él para que fuera la fuente de mi felicidad y contentamiento. Quería que me hiciera sentir segura y confiada. Pero el Señor me mostró que cada vez que recurrimos a una persona (incluso a nuestro cónyuge) para que haga lo que solamente Dios puede hacer, vamos a frustrarnos en la vida.

En el momento en que dejé de tratar de forzar a Dave a que me diera las cosas que solamente Dios me podía dar, de inmediato tuve una nueva paz y gozo en mi vida…y en mi matrimonio. Dicho lo cual, si estoy molesta por algo o si necesito hablar, Dave siempre está allí para animarme y ayudarme, pero él y yo sabemos que es solamente Dios quien puede proveer todo lo que necesitamos en cada situación.

Recurrir a usted mismo

Cuando las cosas se ponen difíciles en la vida, hay una tendencia en todos nosotros de decir: "Simplemente voy a cuidar de mí mismo". Algunas veces es porque nadie estuvo a su alrededor de niño, así que siempre ha tenido que ser independiente. Otras veces es porque usted es una persona fuerte, probablemente muy talentosa, y es simplemente más fácil confiar en esas habilidades para sacarlo de un aprieto.

Pero no se supone que vaya por la vida solo, y van a haber momentos en las que sus propias fuerzas no vayan a ser suficientes.

Usted va a enfrentar situaciones en las que únicamente Dios es lo suficientemente fuerte para ayudarlo a tener la victoria. Le sugiero que se acostumbre a recurrir a Él ahora. No espere que un obstáculo sea tan grande, o un dolor tan profundo, que lo lleve a acudir a Él en desesperación. Hágase el hábito de despertar cada día y decir: "Señor, hoy confío en ti. Gracias por los dones y habilidades que me has dado, pero no dependo de mi propia prudencia. Dependo de ti. Dame la sabiduría, la dirección y la gracia que necesito hoy para vivir una vida vencedora y victoriosa".

> *Usted va a enfrentar situaciones en las que únicamente Dios es lo suficientemente fuerte para ayudarlo a tener la victoria.*

Tan buenos como puedan ser los amigos, tan maravilloso como pueda ser un cónyuge lleno de Dios, tan importante como pueda ser reconocer los dones y talentos que Dios le ha dado, ninguna de esas cosas puede tomar el lugar de Dios en su vida. Salmo 37:39 dice: "La salvación de los justos viene del Señor; él es su fortaleza en tiempos de angustia". El Señor es nuestro refugio y nuestra fortaleza, nadie más. Por eso es que nos llenamos de esperanza cuando en tiempos de tribulación recurrimos al Señor y no a las personas.

¿Alguien lo ha decepcionado o lo ha defraudado? ¿Lo hizo enojarse o tener resentimiento? ¿Alguna vez ha considerado que probablemente haya sido su propia culpa buscar que esa persona satisficiera su necesidad en lugar de Dios? No tengo la intención de sonar dura, o que no me identifico con su dolor, pero la verdad que necesitamos escuchar con frecuencia es dura al inicio. Si ponemos más de nuestra esperanza y confianza en la gente que en Dios, Él nos revelará sus debilidades y permitirá que nos decepcionen para que finalmente lo busquemos a Él. Quizá no se sienta bien en este momento, ¡pero la verdad nos hará libres!

Ignore la tormenta: enfóquese en Jesús

Mateo 14:24-33 pinta una imagen bastante dramática. Los discípulos están tratando de cruzar navegando el mar de Galilea por la noche cuando se levanta una tormenta feroz. Ahora bien, si cualquier grupo de individuos podía manejarse bien en una barca durante una tormenta, esos eran Pedro y los discípulos. Después de todo, estos hombres eran pescadores experimentados. No era su primera tormenta. Pero la fuerza de esta tormenta fue más allá de su experiencia.

¿Alguna vez se ha encontrado en una situación como esa? ¿Alguna vez ha pensado que podría manejar una situación, solamente para darse cuenta de que esta tormenta era diferente de las demás? Bueno, esto es exactamente lo que les sucedió a los discípulos; esta fue una tormenta de la que no se podían rescatar a sí mismos.

Al ver que los discípulos necesitaban ayuda, Jesús "se acercó a ellos caminando sobre el lago" (v. 25). Me encanta la manera casual en la que la Biblia lo registra. No hay letra destacada; no está en letras mayúsculas; la frase ni siquiera tiene signos de admiración. Jesús estaba caminando sobre el agua, y eso no debería de sorprendernos. Es como si Dios nos estuviera diciendo que hará todo lo necesario para llegar a nosotros cuando estemos sufriendo. No hay tormenta lo suficientemente grande que pueda evitar que Dios lo rescate.

> No hay tormenta lo suficientemente grande que pueda evitar que Dios lo rescate.

Cuando Jesús se acercó a la barca, los discípulos tuvieron miedo. Pensaron que Jesús era un fantasma. Pero Pedro dijo: "Señor, si eres tú [...] mándame que vaya a ti sobre el agua" (v. 28). En cuanto Jesús dijo: "Ven", Pedro descendió de la barca y, milagrosamente, comenzó a caminar sobre el agua. Pedro no hizo esto en su propia fuerza (ciertamente no tenía el poder de andar en el agua), y Pedro no hizo esto con la ayuda de los otros discípulos (no le dieron el consejo necesario para dar una caminata por las olas). Solamente el Señor podía hacer esto. Jesús era la única esperanza de Pedro.

Cuando Pedro iba caminando hacia Jesús, él hizo lo que usted y yo hacemos con frecuencia: quitó los ojos del Señor y miró hacia abajo. Miró las olas y comenzó a enfocarse en la tormenta. En lugar de pensar: *¡Estoy caminando sobre el agua con Jesús! ¡Esto es sorprendente! ¡No hay límite para lo que Dios puede hacer en mi vida!*, Pedro comenzó a pensar: *¿Y si me ahogo? ¿Cómo puede ser esto siquiera posible? ¿Puede Jesús rescatarme realmente?* Eso es lo que sucede cuando mira a sus problemas en lugar de su promesa. Los signos de exclamación se convierten en signos de interrogación. La fe se convierte en temor. Y usted comienza a hundirse. Gracias a Dios, tenemos un Salvador que nos ayuda incluso cuando nuestra fe es débil. Jesús estiró la mano y rescató a Pedro. No fueron los discípulos los que lo rescataron, fue Jesús.

Esta historia ilustra perfectamente lo que sucede en las tormentas de su vida. No importa lo grande que sea la tormenta, no es demasiado grande para Dios. Él lo ve, exactamente donde se encuentra, y viene a su rescate. Si usted está experimentando una lucha hoy, comience a buscar a Dios. No sea como los discípulos que se sorprendieron cuando Jesús apareció; en lugar de ello tenga una feliz expectativa de que Dios se va a presentar en la escena, que no va a llegar tarde y que va a calmar la tormenta. Mientras usted tenga sus ojos en Él, usted puede caminar sobre las cosas que amenazan con destruir su vida. Usted puede vivir con paz, gozo, contentamiento y felicidad porque está enfocado en Jesús. Pero en el momento en que comience a ver las olas—los informes negativos, los pensamientos atemorizantes, los que otros piensan, las mentiras del enemigo—estas son las cosas que lo hundirán todo el tiempo. Incluso en medio de una tormenta caótica, cuando sienta

> *Tenga una feliz expectativa de que Dios va a aparecer en escena, que no llegará tarde y que va a calmar la tormenta.*

como si todo se está sacudiendo en su vida, busque al Señor. Él es lo único que no se puede conmover.

Lo único de lo que siempre puede depender

Dios quiere que usted esté lleno de esperanza, no lleno de desánimo, desaliento y depresión. La Biblia nos dice en Romanos 5:5 que los que ponen su esperanza en Dios jamás serán defraudados. ¡Qué cosa! Piense en ello. Usted puede poner su esperanza en los amigos y ser decepcionado. Usted puede poner su esperanza en su cuenta de banco y ser defraudado. Usted puede poner su esperanza en un político y terminar desilusionado. Usted puede poner su esperanza en un empleo y quedar avergonzado. Pero si usted pone su esperanza en Dios no será defraudado. Aunque usted pueda pasar por cosas que no entienda algunas veces, al final Él siempre las dispondrá para bien.

Mientras tenga esperanza, tiene posibilidades, porque todo está sujeto a cambio excepto Dios. No importa qué tipo de mal informe reciba, lo primero que debe pensar es: *Bueno, eso está sujeto a cambios.* Sus finanzas cambian, sus hijos cambian, su jefe cambia, su situación cambia, pero Dios no. Dios es una roca; Él es constante. Malaquías 3:6 dice: "Yo, el Señor, no cambio". La gente cambia, el clima cambia, las circunstancias cambian, las opiniones cambian, el humor cambia, los compromisos cambian, los empleos cambian, las escuelas cambian. Esto es algo a lo que podemos también acostumbrarnos. De lo único que podemos estar seguros en este mundo es que algo siempre va a estar cambiando. Por eso es tan importante mantener su esperanza en el Señor y construir su vida sobre la Roca. Mientras usted haga de Dios la fuente principal de todo lo que necesita—sabiendo que Él es el único que nunca cambia— usted puede manejar cualquier otra cosa que cambie porque Dios es su fundamento en la vida.

Sufrimos emocionalmente muchas cosas que realmente no tendríamos que soportar si pusiéramos nuestra esperanza en Dios y dejáramos de esperar que alguien más hiciera lo que solamente Dios puede hacer.

¡Viva con esperanza!

Cada día no es un día perfecto, y no todas las tormentas aparecen en el pronóstico del tiempo. Es posible que suframos un dolor de cabeza o del corazón. Quizá nos dure un día o probablemente más. Pero sin importar la lucha que usted podría estar enfrentando, quiero alentarlo a que ¡MIRE HACIA ARRIBA! No se enfoque en las circunstancias negativas, en las probabilidades que se han acumulado en su contra o en los pensamientos atemorizantes que surjan.

Cuando levanta la cabeza, la esperanza renace. Aun y cuando la tormenta pueda ser grande, no es mayor que Dios. Todo lo que tiene que hacer es buscarlo a Él y confiar en que Él hará lo que se requiera—incluso andar sobre el agua—para llegar a usted. Así que siga adelante y viva con esperanza. Usted va a salir de esto más fuerte que antes. Solamente manténgase enfocado en Jesús, tenga una actitud positiva, siga avanzando y, sin importar lo que haga…no mire hacia abajo.

CAPÍTULO 7

CUENTE SUS BENDICIONES EN LUGAR DE SUS PROBLEMAS

Alaba, alma mía, al Señor, y no olvides ninguno de sus beneficios.

Salmo 103:2

Solamente en la oscuridad se pueden ver las estrellas.

—Martin Luther King Jr.

Una vez escuché una historia acerca de un hombre que perdió sus llaves una noche. Desesperado por encontrarlas, buscaba frenéticamente afuera en la esquina de la calle, directamente bajo el poste de luz. Un paseante notó su búsqueda frenética y se detuvo a ayudarlo a buscar las llaves perdidas. Después de algunos minutos de una búsqueda diligente, el servicial extraño le preguntó: "Bueno, ¿dónde fue exactamente que tiró sus llaves? Si conocemos el lugar, probablemente corramos con mejor suerte". Sin titubear, el propietario de las llaves perdidas le respondió: "Las tiré cuando estaba allá frente a mi casa". Anonadado por su respuesta, el servicial extraño exclamó: "¿Si las tiró frente a su casa, por qué las estamos buscando acá bajo el poste de luz?". El propietario de las llaves perdidas respondió: "Porque la luz es mejor aquí".

Su primer pensamiento probablemente fue: *Eso es ridículo. Cualquiera sabría que eso no se hace.* Puede sonar ridículo buscar las llaves que perdió frente a su casa bajo el poste de alumbrado público, pero le conté esa historia por una razón. Muchas veces en la vida, estamos buscando algo que necesitamos, pero lo estamos buscando en los lugares equivocados. Hay una antigua canción que dice que estamos "buscando amor en todos los lugares equivocados". Creo que eso es verdad. Pero también creo que a menudo buscamos esperanza en todos los lugares equivocados.

Si realmente queremos disfrutar la vida, vamos a tener que hacer un cambio básico con respecto a dónde buscamos la esperanza. Jesús debe ser la fuente de nuestra esperanza en todo tiempo. No importa cuáles sean las circunstancias a nuestro alrededor. Nuestras circunstancias no deberían ser lo que determine nuestro nivel de gozo. Aun y cuando estemos teniendo el peor día de todos, podemos tener una actitud confiada, llena de gozo esperanzada si aprendemos a ver lo que tenemos y no lo que hemos perdido. Siempre vea lo que Dios está haciendo, no lo que usted piensa que no está haciendo.

> *Veamos los que tenemos y no lo que hemos perdido.*

Me hubiera gustado que alguien me hubiera compartido esa verdad al principio de mi vida. Durante muchos años fui una cristiana miserable y frustrada, y una de las razones principales era porque siempre estaba pensando en lo que no tenía. Y no solamente pensaba en ello; me quejaba de ello. Pasaba mi vida en oración diciéndole al Señor todas las cosas que no tenía. *Dios, no tengo suficiente dinero. No tengo el mismo talento que alguien más. No tuve una buena infancia.* Y la lista sigue y sigue. Miraba a mi alrededor y hacía un inventario diario de todo lo que no tenía.

Pero el Señor comenzó a mostrarme que tenía mucho, y que simplemente estaba buscando en los lugares equivocados. No hay victoria al enfocarse en las cosas que perdió o que no tiene. En lugar de poner mi energía y mi esfuerzo en quejarme por lo que había perdido, el Señor comenzó a enseñarme a enfocarme en lo que me quedaba. Quizá no haya tenido el dinero para irme de vacaciones a un lugar elegante, pero por lo menos tuve el dinero para pagar mis cuentas ese mes. Es probable que no tenga la habilidad que alguien más tenía, pero era una buena comunicadora y con el tiempo Dios comenzó a usar eso para ayudar a la gente.

Posiblemente sufrí abuso de chica, pero Dios me estaba sanando. Mi esposo y mis hijos no eran perfectos, pero yo tenía la bendición de una familia. Mi madre y mi padre me habían abandonado, pero el Señor me había recibido en sus brazos (vea Salmo 27:10).

Entre más comenzaba a enfocarme en lo que tenía, que en lo que había perdido, más mi actitud comenzaba a cambiar. Empecé a ver las bendiciones de Dios y su favor sobre mi vida y mi esperanza comenzó a remontarse.

Lo mismo puede ser cierto para usted. No importa lo que esté pasando hoy, usted puede descubrir un nuevo gozo en la vida. Es probable que haya perdido algunas cosas; quizá haya algunas ventajas que usted no tenga. Pero en lugar de enfocarse en lo que ha perdido, ¿por qué no busca entre lo que tiene? Se podría sorprender de lo que puede encontrar.

Tres centavos y Dios

Cierta vez leí que cuando la Madre Teresa comenzó su obra misionera en la India no tenía dinero. Había soñado con construir un orfanato y ayudar a la gente de Calcuta, pero los fondos no estaban allí. Cuando se le preguntó cuánto dinero tenía, ella dijo: "Tres centavos". La gente dudaba de su misión al preguntarle: "¿Qué puede hacer con tres centavos?". Pero la Madre Teresa respondió: "Tengo tres centavos y a Dios, ¿qué más necesito?".

Me encanta esta actitud. ¡La Madre Teresa no estaba preocupada por solamente tener tres centavos porque tenía a Dios! Me pregunto cómo podría cambiar nuestra vida si comenzáramos a contar exactamente lo que Dios nos ha dado. Probablemente no parezca mucho si lo comparamos con lo que otros tienen, y quizá no parezca mucho en comparación con lo que estamos pidiendo en oración, pero incluso un poco es todo lo que Dios necesita. Tres centavos es más que suficiente en las manos de Dios. Si Dios pudo alimentar una multitud

> *Tres centavos es más que suficiente en las manos de Dios.*

de 5000 hombres (más mujeres y niños) con solo unos panes y un par de pescados, piense en lo que Él puede hacer con lo poco que usted tiene. Usted quizá piense: *Pero no tengo nada, ni siquiera tres centavos.* Usted puede tener ánimo porque Dios creó el universo entero de la nada. Comenzó hablando palabras de fe sobre el vacío. Sin importar lo poco que tengamos, todos podemos hacer eso.

> Creo que sería una idea excelente que hiciéramos un inventario de nuestra propia vida y contáramos cada bendición que Dios nos ha dado.

¿Alguna vez ha estado en una tienda de abarrotes cuando están haciendo inventario? Es sorprendente ver entrar a todo el equipo de empleados que están haciendo el inventario y que comiencen a contar lo que hay en la tienda. Sacan sus dispositivos manuales, etiquetan cada artículo, y luego meticulosamente cuentan y vuelven a contar para asegurarse de que tienen las cantidades correctas. Lo que me sorprende es que no dejan nada de lado. Incluso cuentan las cosas más pequeñas. Cada paquete de chicles, cada lata abollada, cada plátano magullado; un inventario completo lo cuenta todo.

Creo que sería una idea excelente si hiciéramos un inventario de nuestra propia vida y contáramos cada bendición que Dios nos ha dado. Eso incrementaría nuestra esperanza y desarrollaría nuestra fe. En lugar de vagar como un ánima en pena por lo que todavía no tenemos, podemos caminar con confianza agradeciéndole a Dios por todo lo que nos ha dado. Y si contamos cada cosa. Podría parecer pequeña, pero cuéntela de todos modos y agradézcasela. Hágase el hábito de notar todo lo que Dios hace por usted, y entre más medite en sus bendiciones, más abundará su esperanza. Dios nos ha dado a Jesús, y si Él ha hecho eso, ¿no nos dará con Él también todo lo demás?

Tiempo de hacer inventario

La lista de inventario de cada uno va a lucir diferente. No todos tenemos los mismos dones, talentos, fortalezas o provisiones—y ciertamente no las tenemos todas al mismo tiempo—, pero Dios jamás le prometió que tendría lo que alguien más tiene o que esa persona tendría lo que usted tiene. Recuerdo haber estado en una colonia de leprosos durante una visita a India, y un hombre con lepra me preguntó si me gustaría ver su casa. Él parecía estar muy emocionado, así que felizmente fui con él para verla. Resultó que lo que él estaba llamando casa era un hoyo de unos 10 pies (3 m) de largo y 6 pies (1,83 m) de alto cavado en la ladera de una colina de tierra. Estaba amueblado con una hamaca hechiza, un par de postes maltratados y algunos platos. Debo admitir que fui convencida de pecado hasta el tuétano cuando me di cuenta de lo feliz que estaba él con tan poco y de lo infeliz que con frecuencia soy yo con tanto.

Con eso en mente, esta es una lista de cosas sugeridas por las cuales agradecerle a Dios. Quizá no tenga todo lo que hay en esta lista (en este momento), pero es probable que se identifique con muchas de ellas. El leproso que conocí se hubiera sentido extasiado de tener cualquiera de estas cosas.

- Un techo sobre su cabeza.
- Un amigo que le interese ver cómo se encuentra.
- Familiares que lo aman.
- Un coche que funcione (sí, incluso si apenas funciona).
- Un estómago lleno.
- Agua corriente caliente y fría.
- Sentido del humor.
- Un salario semanal.
- Una cama cómoda.
- Un sueño en su corazón.
- Oportunidades educativas para sus hijos.

- Una iglesia local que lo anime.
- Un cuerpo saludable.
- Un armario lleno de ropa.
- Una Biblia que leer.
- Esperanza para el futuro.

Y estas son solamente algunas cosas que me vinieron a la mente. Le apuesto que si se toma el tiempo para pensar y orar acerca de ello, usted podría hacer una lista 10 veces más larga que esta.

Algunas de estas cosas que mencioné podrían parecer bastante básicas, pero si lo piensa, hay personas alrededor del mundo que no tienen incluso las cosas más básicas que usted tiene. Agua, alimentos, refugio: estas cosas no se deben dar por sentadas. Debemos estarle agradeciendo a Dios por estas necesidades básicas y jamás ni por un minuto darlas por sentadas.

Siempre hay esperanza

Es importante hacer un inventario de la bondad de Dios porque, para ser sinceros, es fácil ver todas las luchas de la vida y desanimarse. Si solamente vemos los obstáculos, es fácil perder la esperanza. Probablemente vea su cuenta de banco y se sienta desesperanzado. Algunas veces podría ver a sus hijos y querer echar las manos al cielo y decir: "No hay esperanza". ¡Quizá podría verse a sí mismo y decir lo mismo! Podría conducir su coche al trabajo pensando: *No hay esperanza*. Eso es exactamente lo que el diablo quiere que usted haga. Él sabe que si puede mantenernos sin esperanza no podemos movernos en una fe valiente y que perderemos el plan de Dios para nosotros.

En lugar de decir: "No hay esperanza", por qué no decir: "¡Siempre hay esperanza!".

Resista la tentación de mirar lo que ha perdido o lo que no tiene y decida ver todo lo que Dios ha hecho, está haciendo y va a hacer. Cuando usted lo hace, la esperanza cobrará vida, el gozo incrementará, la fe crecerá y la actividad incrementará. Recuerde que cuando usted vive en el jardín de la esperanza algo siempre está floreciendo.

En lugar de decir: "No hay esperanza", por qué no decir: "¡Siempre hay esperanza!". Decida hacer un inventario de lo que Dios le ha dado y decida esperar más. Haga una lista de las bendiciones que Dios le ha dado, y posiblemente léalas en voz alta cada día. Entre más se enfoque en lo que tiene, más se sorprenderá de la bondad de Dios en su vida.

Efesios 1:3 dice:

> *Alabado sea Dios, Padre de nuestro Señor Jesucristo, que nos ha bendecido en las regiones celestiales con toda bendición espiritual en Cristo.*

Eso debería darle esperanza. No importa lo que esté enfrentando, usted va a ser bendecido con todo lo que va a necesitar alguna vez. Si necesita fuerza, si necesita fe, si necesita esperanza, si necesita un amigo, si necesita entendimiento, si necesita paz o gozo o justicia o dinero o salud o sanidad o victoria, Dios se la va a proveer. Filipenses 4:19 dice: "Así que mi Dios les proveerá de todo lo que necesiten, conforme a las gloriosas riquezas que tiene en Cristo Jesús".

En los momentos en los que usted quizá dude de que Dios de hecho vaya a proveer esas cosas en el presente o en el futuro, simplemente mire hacia atrás a lo que Él ya hizo. Recuerde su inventario de bendiciones y permita que impulse su fe hacia el futuro. Eso era lo que David hacía. Cuando el rey Saúl y los hermanos de David dudaron de si David podía verdaderamente derrotar a Goliat, David simplemente se detuvo e hizo un inventario de la bondad de Dios en su vida. Él dijo: "Si este siervo de Su Majestad ha matado leones y osos, lo mismo puede hacer con ese filisteo pagano, porque está desafiando al ejército del Dios viviente" (1 Samuel 17:36). David tenía confianza en que, como Dios había hecho cosas por él en el pasado, Dios incluso podía hacer cosas mayores en la situación presente. El inventario de bendiciones de David le dio la esperanza que necesitaba para vivir su destino.

A Dios le encanta bendecirlo

Más que ninguna otra cosa, cuando usted comienza a hacer un inventario de la bondad de Dios en su vida—cuando comienza a contar sus bendiciones—eso llena su corazón de gozo. He notado que es imposible estar agradecido y desanimado al mismo tiempo. No funciona. Si tomara un momento cada día para enfocarse en las bendiciones de Dios y su favor, no podría evitarlo... sería lleno hasta rebosar del gozo del Señor.

> He notado que es imposible estar agradecido y desanimado al mismo tiempo.

La Palabra de Dios nos dice que el gozo del Señor es nuestra fuerza (vea Nehemías 8:10). Muchas personas están letárgicas, se sienten cansadas y apenas llegan de la silla de su escritorio en el trabajo al sofá de su casa por causa de una actitud carente de gozo. Algunas personas quedan completamente agotadas cuando llegan a casa del trabajo, y no es a causa de su empleo, es porque tienen una mala actitud con respecto al lugar en el que trabajan y todas las personas que están allí. Una actitud negativa afectará cada parte de nuestra vida; incluyendo nuestra salud. Pero si decidimos estar felices con lo que Dios nos ha dado y nos enfocamos en lo bueno de la vida, no solamente seremos más felices, sino que estaremos más saludables.

Todos los días llevo un diario durante mi tiempo con el Señor. Escribo versículos de la Escritura que me alientan, algunas de las peticiones por las que estoy orando ese día, asuntos que siento que el Señor está poniendo en mi corazón y cosas especiales que Dios hace por mí. Tengo el equivalente a años y años de estos diarios que he guardado, y de vez en vez, me gusta leerlos. Cuando reviso los diarios pasados, es interesante para mí que varias veces al año, Dios me recuerda que tenga una expectativa agresiva de algo bueno. Debe ser realmente importante. Cuando estoy llena de esperanza—cuando estoy esperando que Dios haga algo grande en mi vida—edifica mi espíritu y me llena de gozo. Yo tomo vitaminas regularmente, y creo que la esperanza es la "vitamina feliz". ¡Deberíamos tomar esperanza en grandes dosis diariamente! Creo que esa es la razón por la que uno de mis versículos favoritos de la Escritura es:

> *Por eso el Señor los espera, para tenerles piedad; por eso se levanta para mostrarles compasión. Porque el Señor es un Dios de justicia. ¡Dichosos todos los que en él esperan!*
>
> Isaías 30:18

Dios de hecho está esperando (buscando y anhelando) mostrarle su bondad. Por eso es que usted puede tener una feliz expectativa de bien en su vida. Esto no es algo que Dios está acordando hacer de mala gana; es algo que le encanta hacer. Jesús murió por usted para que tenga vida, y para que la tenga en abundancia (vea Juan 10:10). Así que no vaya por la vida con una mala actitud. Decida tener una buena actitud, espere cosas buenas del Señor. No las esperamos porque las merezcamos, ¡sino porque Dios es bueno! Escoja alabar a Dios con un corazón agradecido por todas las cosas que Él le ha dado.

> *Dios de hecho está esperando (buscando y anhelando) mostrarle su bondad. Por eso es que usted puede tener una feliz expectativa de bien en su vida.*

¡Viva con esperanza!

Al terminar este capítulo, pregúntese *¿Qué tan esperanzado soy?* ¿Está emocionado cada día, esperando que Dios va a responder una oración, cumplir un sueño, suplir una necesidad y hacer algo sorprendente en su vida? Si usted no es tan esperanzado como le gustaría ser, puede cambiar eso. No es un proceso complicado; todo comienza con ver lo que tiene en lugar de lo que ha perdido.

Haga un inventario de las bendiciones en su vida. Muchas

de las cosas de su lista serán cosas grandes que son claramente obvias, pero muchas de las cosas en su lista también deben ser cosas pequeñas. Asegúrese de tomarse el tiempo de verdaderamente ver cada parte de su vida y ver las cosas pequeñas, ignoradas, junto con lo que Dios lo ha bendecido durante el tiempo. Cuando lo haga, va a notar un cambio total en la manera en que ve la vida. Su matrimonio, su familia, su carrera, sus aspiraciones; su visión de todo ello cambia cuando tiene un corazón agradecido.

Así que siga adelante y viva con esperanza hoy. Dios lo ha bendecido en el pasado—y usted tiene toda una lista para probarlo—y ese solamente es el principio. Él tiene más preparado para usted. Asegúrese de estar buscándolo en los lugares correctos.

CAPÍTULO 8

PALABRAS DE ESPERANZA

¿Por qué voy a inquietarme? ¿Por qué me voy a angustiar?
En Dios pondré mi esperanza, y todavía lo alabaré. ¡Él es
mi Salvador y mi Dios!

Salmo 43:5

La esperanza sonríe desde el umbral del año que viene,
susurrando 'será más feliz'...

—Alfred Lord Tennyson

Del mismo modo en el que los alimentos que comemos nos afectan físicamente, las palabras que hablamos nos afectan espiritual, mental y emocionalmente. Creo que también nos afectan físicamente, porque entre más llena de esperanza y felicidad está nuestra conversación, nos llenamos con más energía. Una actitud positiva, llena de esperanza alivia el estrés, que es la causa raíz de toda la enfermedad y la dolencia.

Hace varios años, decidí ser seria acerca de mi salud. Me faltaba energía, me enfermaba fácilmente y estaba tratando con problemas físicos constantes. En el pasado, había intentado diferentes dietas y planes de ejercicio, pero mi trabajo siempre ocupaba cualquier tiempo que tenía para cuidar de mí misma. Terminaba regresando a mi ritmo normal ocupado, aunque sabía que no era bueno para mí. Eventualmente, decidí que era suficiente. Creo que uno podría decir que me cansé de estar cansada.

Una de las primeras cosas de las que comencé a darme cuenta a medida que estudiaba la dieta apropiada y las rutinas de ejercicio es que todo lo que comemos afecta el desempeño de nuestro cuerpo. Todos sabemos que es importante una dieta saludable, pero no creo que siempre nos demos cuenta de qué tanto las decisiones nutricionales realmente afectan nuestro cuerpo. Lo que coma en cualquier día dado puede determinar cómo se siente, qué tanto puede lograr, y qué tipo de actitud va a tener. Buena o mala—ensalada o rosquillas—la comida que entra por su boca afecta su cuerpo. También puede afectar sus emociones y sus procesos de pensamiento.

Del mismo modo—sean declaraciones esperanzadas o confesiones negativas—, las palabras que usted habla afectan su vida en muchas maneras. Las palabras tienen poder. Lo que usted dice hace una diferencia. Tan pronto como usted dice algo, esas palabras entran a sus oídos y van directamente a su alma. Si sus palabras están llenas de vida, usted se sentirá más feliz y más lleno de energía. No obstante, si usted tiene la tendencia de decir lo que está mal en la vida y se queja de su situación, esas palabras tienen un impacto negativo que drenarán su energía y lo harán sentirse desanimado e incluso deprimido. No posponga la esperanza para otra ocasión porque "La esperanza frustrada aflige al corazón" (Proverbios 13:12).

Las palabras llenas de esperanza son importantes, especialmente cuando está enfrentando algo difícil. Una de las cosas más importantes que usted puede hacer cuando está sufriendo es hablar palabras positivas, llenas de fe. No estoy diciendo que sus palabras por sí solas tengan el poder de cambiar la situación—solo Dios puede hacer eso—, pero sus palabras tienen poder en el plano espiritual, y cuando usted está de acuerdo con Dios, su plan puede rápidamente comenzar a suceder en su vida. Sus palabras pueden cambiar su actitud acerca de una situación negativa y ayudar a determinar qué tan rápido puede vencerla. Los israelitas se quejaron mientras estaban en el desierto, y permanecieron allí. Un viaje de 11 días les tomó 40 años, y la mayoría de ellos nunca llegaron a su destino deseado.

> *Una de las cosas más importantes que usted puede hacer cuando está sufriendo es hablar palabras positivas, llenas de fe.*

Quejarse y reproducir en la mente todo lo que pensamos que está mal en nuestra vida es un problema más grande de lo que la mayoría de la gente se da cuenta que es. ¡Es malo a los oídos del Señor! Me pregunto cuántas personas pasan por la vida quejándose, y al hacerlo, nunca tienen el tipo de vida que desearían tener. Como puede ver, desear no es suficiente para hacer que las cosas sucedan. Necesitamos una esperanza viviente y una fuerte fe en Dios. También necesitamos pensamientos de poder y palabras llenas de esperanza. Necesitamos acción cuando es necesario y un corazón agradecido mientras estamos esperando.

Pasé los primeros 45 años de mi vida dañando mis días y obstaculizando mi futuro a través de falta de conocimiento con respecto al poder de mis propias palabras. Carecía de conocimiento en muchas áreas, pero esta era una grande para mí. Si usted está instruido sobre el poder de las palabras, este capítulo meramente le servirá como un curso de repaso que lo mantendrá yendo en la dirección correcta, pero si todo esto es nuevo para usted, puede ser algo que cambie su vida por completo.

Probablemente no se dé cuenta de que está en control de sus palabras. Usted puede escoger que va a decir, y créame cuando le digo que lo que diga importa mucho. ¡Sea un buen mayordomo de sus palabras! Escójalas sabiamente y crea lo que dice la Palabra de Dios con respecto a que están llenas del poder de la vida o de la muerte.

> *En la lengua hay poder de vida y muerte; quienes la aman comerán de su fruto.*
>
> Proverbios 18:21

Deje de hablar de sus problemas

¿Alguna vez ha notado que Jesús no habló de sus problemas? Él lo podría haber hecho; tenía que tratar con muchas de las mismas cosas que usted y yo hemos tenido que tratar. Jesús tenía un horario ajetreado. Se encontraba con personas groseras y desagradables. Enfrentaba situaciones difíciles. Sin mencionar el hecho de que Él sabía que iba a sufrir terriblemente y a morir en la cruz por los pecados del mundo.

Pero cuando lee los Evangelios, nunca escucha que Jesús haga una crítica o lo que se pueda definir como queja o murmuración. Obviamente, conocía el poder de las palabras. Cuando se acercaba el tiempo de su sufrimiento y de su muerte, les dijo a sus discípulos que no hablaría mucho con ellos a partir de ese momento (vea Juan 14:30). ¿Por qué diría eso? Porque conocía el poder de las palabras, y también sabía lo tentador que es decir todas las cosas equivocadas cuando estamos pasando por tiempos difíciles o dolorosos. Sabía que el Padre tenía un plan para la salvación del hombre y que giraba sobre Él, y Él estaba determinado a hacer todo lo que fuera necesario para mantenerse en acuerdo con Dios, incluyendo hablar palabras que Dios pudiera usar, no las que el diablo pudiera usar.

> Ya no hablaré más con ustedes, porque viene el príncipe de este mundo. Él no tiene ningún dominio sobre mí, pero el mundo tiene que saber que amo al Padre, y que hago exactamente lo que él me ha ordenado que haga. ¡Levántense, vámonos de aquí!
>
> Juan 14:30-31

Por supuesto, Jesús habló de muchas cosas, incluyendo el pecado. Hubo momentos en los que Jesús regañó a los fariseos y corrigió a sus discípulos. A medida que lea los Evangelios, descubrirá que Jesús dijo muchas cosas, pero sus problemas no eran una de ellas. Lucas 4:22 dice que "impresionados por las hermosas palabras que salían de su boca". Jesús estaba cumpliendo con su misión, y no iba a distraerse por enfocarse en los problemas cotidianos de la vida. Dijo que sus palabras eran espíritu y vida (vea Juan 6:63).

¿Son sus palabras espíritu y vida, o naturales (carnales) y muerte? Las buenas noticias son que usted puede hacer un cambio en este momento de ser necesario. Soy la primera en admitir que la boca es imposible de controlar sin mucha ayuda de parte de Dios. Sin embargo, si tomamos la decisión correcta y nos ponemos de acuerdo con la voluntad de Dios en este aspecto, Él ciertamente nos ayudará a hacer cambios positivos.

Tome el camino estrecho

Jesús nos instruye a tomar el camino estrecho que lleva a la vida y evitar el camino espacioso que lleva a la perdición (vea Mateo 7:13-14). Obviamente, el camino estrecho es el más difícil de andar. Siempre digo que en el camino estrecho no hay espacio para nuestros caminos carnales y naturales. Podemos ir por la vida diciendo lo que se nos antoje sin considerar el poder de nuestras palabras, pero eso nos pone en el camino espacioso que Jesús dijo que lleva a la perdición, y dudo que cualquiera de nosotros quiera eso.

Es fácil enfocarse en las cosas que no van bien. Parece que muchas de nuestras conversaciones están enfocadas en lo que está yendo mal más que en lo que está yendo bien. No están llenas de esperanza, ¡sino carentes de esperanza! *Los niños están enfermos. El tráfico es terrible. Me duelen los pies. La economía está mal. ¿Puedes creer lo que ella me dijo? No me alcanza para eso.* Pero entre más hablamos acerca de lo que está yendo mal, más poder le damos en nuestra vida.

¿Alguna vez ha considerado que es probable que esté empeorando sus problemas por hablar de ellos en exceso? ¿Alguna vez ha considerado que es probable que no esté avanzando en la vida debido a las quejas? Ciertamente, yo no había considerado estas cosas hasta que el Espíritu Santo me confrontó acerca de ellas, y yo estoy muy contenta de que lo haya hecho porque no podemos cambiar algún aspecto de nuestra vida si nos falta conocimiento.

> *Cuando esté pasando por un tiempo de prueba, lo mejor que puede hacer es dejar de hablar de lo grande que es su problema y comenzar a hablar acerca de lo grande que es Dios.*

Cuando está pasando por un momento de prueba, lo mejor que puede hacer es dejar de hablar de lo grande que es su problema y comenzar a hablar acerca de lo grande que es Dios. Tómese un poco de tiempo cada día para meditar en la Palabra de Dios y declare sus promesas sobre su situación. Se derrama poder cuando se enfoca en lo que puede suceder con Dios de su lado en lugar de lo que está sucediendo en su vida en este momento.

Haga lo correcto a propósito

Quizá no siempre se sienta positivo, y probablemente no siempre le apetezca hablar palabras positivas. Van a existir días en los que se despierte sintiéndose completamente terrible. Estos son los días cuando es realmente fácil amargarse, quejarse, tener una visión pesimista de la vida. Pero no tiene que vivir sujeto a sus sentimientos. Los sentimientos son caprichosos; cambian rápidamente dependiendo de cualquier cantidad de factores.

Una de las cosas principales que quiero comunicar con este libro es que debemos tener esperanza a propósito. No podemos sentarnos y desear sentirla o incluso orar para tenerla. Decidimos estar llenos de esperanza cada día. Una de las cosas más sorprendentes acerca de tener libre albedrío es que podemos escoger nuestras actitudes, pensamientos, palabras y acciones. Estoy segura de que si usted es como yo, lo primero que quiere pensar cuando hace lo que no debe es *simplemente no puedo evitarlo*, y entonces a eso le sigue algún tipo de excusa por la que no hizo lo correcto.

Podría desarrollarse de esta manera: *Me encantaría sentirme esperanzado, pero no hay nada muy feliz que digamos que esté sucediendo en mi vida. No se puede esperar que tenga una perspectiva positiva cuando únicamente veo problemas dondequiera que veo. Si yo tuviera las ventajas que muchas personas tienen, entonces mi actitud sería mejor.* Pero podría ser así: *Mis circunstancias no son muy buenas en este momento, pero decido estar lleno de esperanza. ¡Estoy esperando que algo bueno suceda en mi vida hoy! ¡Sí, algo bueno va a sucederme y algo bueno va a suceder a través de mí!* Hacer esto a propósito diariamente incluso cuando no le apetezca finalmente cambiará la manera en que se siente. Sus sentimientos se someterán a sus decisiones a su debido tiempo. No importa cómo se vean las circunstancias, cualquier día con Jesús es mejor que cualquier día sin Él. ¡Siempre podemos tener esperanza porque Él nos ama, está a nuestro favor y puede cambiar cualquier cosa! ¡Él es un Dios de justicia, y corrige lo incorrecto!

En los días en los que se sienta desanimado, decida que no va a permitir que esos sentimientos controlen su vida. En lugar de tener una perspectiva negativa y de hablar palabras negativas, ¡haga declaraciones que estén de acuerdo con la Palabra de Dios!

- Sé que Dios me ama (vea Efesios 3:19).
- Creo que veré la bondad del Señor en mi vida (vea Salmo 27:13).
- Soy más que vencedor por medio de Cristo que me ama (vea Romanos 8:37).

He estado predicando durante casi 40 años, y todavía medito la Palabra de Dios y la declaro casi cada día de mi vida. No importa como me sienta, me recuerdo a mí misma quién soy en Cristo; y usted puede hacer lo mismo. No espere para que alguien más lo anime; aliéntese en el Señor.

Me gusta pensar en esto como una pequeña reunión personal para darse ánimo. Si alguna vez asistió a una reunión

> *No espere para que alguien más lo anime; aliéntese en el Señor.*

para darse ánimo en la escuela media o media-superior, sabe de lo que estoy hablando. Una reunión para darse ánimo es cuando las animadoras animan, la banda toca y el cuerpo estudiantil se prepara para el gran juego. Una reunión para darse ánimo es una celebración basada en una victoria esperada. Aunque el equipo todavía no ha ganado, la ovación ya comenzó.

Bueno, usted ciertamente tiene algo por lo cual vitorear en su vida. No importa cuál sea la oposición que esté enfrentando, Dios está de su lado, y Él está invicto. Así que adelante tenga su reunión para darse ánimo; emociónese por la victoria que Dios está trayendo a su vida.

La esperanza que se encuentra en la alabanza

2 Crónicas capítulo 20 cuenta la historia de un gran ejército que vino en contra del rey Josafat y el ejército de Judá. La gente tenía miedo porque sabían que los superaban por mucho en número (vea 2 Crónicas 20:15). ¿Alguna vez se ha sentido de esa manera, o posiblemente se sienta así en este momento? ¿Siente que sus problemas son simplemente demasiado grandes como para que termine ganador?

Josafat fue informado de que la batalla no era de él sino de Dios. Armado con esa palabra del Señor, Josafat preparó a su ejército para la batalla. Pero hizo algo muy diferente para esta batalla. En lugar de alinear a sus guerreros más fieros al frente de la línea de batalla como todos esperaban que hiciera, Josafat le dio esa posición a los adoradores. 2 Crónicas 20:21 dice:

> ...Josafat designó a los que irían al frente del ejército para cantar al Señor y alabar el esplendor de su santidad con el cántico: "Den gracias al Señor; su gran amor perdura para siempre.".

Josafat comenzó la batalla con alabanza. Qué imagen habrá sido; todo un ejército marchando a la batalla bajo un estandarte de alabanza.

La Biblia dice en el versículo 22 que cuando "empezaron a entonar este cántico de alabanza" Dios confundió a los ejércitos enemigos. En lugar de pelear contra Judá, estas personas se volvieron unas contra las otras en confusión. Para el momento en que Josafat y su ejército llegaron a la escena, el enemigo había sido destruido. Dios había ganado la batalla justo como prometió.

Creo que el diablo se confunde cuando alabamos a Dios en medio de los momentos en los que deberíamos estar temerosos y quejándonos. La alabanza y la acción de gracias de hecho lo derrotan.

La alabanza es un arma poderosa, ya que con ella usted declara que confía en Dios y que depende completamente de Él. No espere a que sus circunstancias cambien antes de que hable palabras de esperanza. Déjeme ser tan clara como pueda ser: No importa lo que esté sucediendo en su vida en este momento, no permita que ninguna enfermedad, o problema, o pérdida, o temor de problemas inminentes evite que usted alabe a Dios. Escoja sus palabras con cuidado, abra su boca, y con denuedo declare que Dios es fiel y que usted está esperando que algo bueno suceda en su vida.

Romanos 4:20 dice que Abraham "se reafirmó en su fe y dio gloria a Dios". Lo mismo sucede en su vida cuando habla palabras de alabanza; usted crece fuerte y es impulsado por la fe para vencer cada obstáculo que pueda estar enfrentando. ¡Ponga alabanza en la línea del frente de su vida!

Diga esto, no eso

Cuando la gente está llena de esperanza, está esperando que algo bueno le suceda, y usted lo puede notar por las cosas que dicen. Están confiados en que sucederán cosas buenas en sus circunstancias, están emocionados porque el cambio se siente en el aire, están esperando una victoria; así que es de eso de lo que les encanta hablar. Las personas esperanzadas son optimistas y alegres. Es divertido estar alrededor de ellas. ¡La esperanza es contagiosa! Es uno de los mejores regalos que le podemos dar a cualquiera. ¿Por qué no verse como un dispensador de esperanza? Es una de las cosas que nuestra sociedad hoy necesita desesperadamente. Especialmente siento empatía por nuestros adolescentes y nuestros adultos jóvenes en estos días. ¡Necesitan todo el ánimo que puedan obtener!

El mundo, nuestras escuelas y nuestras universidades con frecuencia comunican el mensaje de que Dios es un mito o por lo menos alguien que no necesita ser considerado o que se hable de Él. El mundo parece estar tratando de guardar a Dios en una esquina, casi como si fuera algo vergonzante. Cuando era adolescente, recuerdo que se hablaba de Dios abiertamente en todos los sectores de la sociedad. Era parte de la conversación diaria. Veíamos los Diez Mandamientos en las paredes de las escuelas y la oración pública era un suceso común. Mis padres no eran personas devotas, pero todavía escuchaba acerca de Dios en la escuela y con los vecinos. Nuestra juventud hoy no tiene ese beneficio, y es fácil para ellos perder la esperanza.

Muchos padres están ocupados tratando de conseguir los recursos para vivir y tienen poco o nada de tiempo qué pasar con sus hijos. El estrés en la familia con frecuencia provoca que los padres molesten a sus hijos con respecto a su ropa, la manera en que peinan (o no peinan) su cabello, su selección de amigos, sus notas, los deberes que dejan sin hacer y otras cosas incontables. Ciertamente creo que los padres necesitan corregir a sus hijos, pero posiblemente si los hijos tuvieran más esperanza, ¡no necesitarían tanta corrección! Si no la están recibiendo, salen de casa cada día sintiéndose desesperanzados incluso antes de que enfrenten al resto del mundo, que lo más probable solamente contribuya con su estado desesperanzado. Hable palabras edificantes, alentadoras y llenas de esperanza con todos y especialmente con nuestra juventud actual.

> *Decídase a ser una persona que solamente hable palabras de esperanza.*

Decídase a ser una persona que solamente hable palabras de esperanza. Decida que usted va a ser una influencia positiva en el mundo. Sea una persona alrededor de la que las demás personas quieran estar. Viva su vida con la creencia y la esperanza de que algo bueno va a pasar hoy.

¡Viva con esperanza!

Lo que usted diga hoy puede hacer mucho para determinar la vida que va a vivir mañana. No permita que las presiones del mundo y las mentiras del enemigo lo desalienten, haciendo que vea solo lo negativo de la vida. Recurra a la Palabra de Dios, párese en sus promesas y hable vida a su situación.

Cada palabra que usted dice lo afecta, así que decida hablar palabras saludables que den vida. Que esas palabras allanen el camino a medida que usted atraviesa cada situación difícil. En lugar de hablar de sus problemas, comience a hablar acerca de las promesas de Dios, y permita que esas declaraciones de esperanza alienten su fe.

Así que siga adelante y viva con esperanza hoy. Aun y cuando se sienta débil, incluso si parece imposible, aunque la batalla lo haga sentirse inseguro y asustado, ponga alabanza en la línea del frente. Cuando lo haga, caiga en cuenta de que Dios está peleando por usted; no hay manera en que pueda perder.

CAPÍTULO 9

SIGA AVANZANDO

Y no sólo en esto, sino también (nos regocijamos) en nuestros sufrimientos, porque sabemos que el sufrimiento produce perseverancia; la perseverancia, entereza de carácter; la entereza de carácter, esperanza.

Romanos 5:3-4 (paréntesis añadido)

La mayor gloria en la vida no se encuentra en no caer jamás, sino en levantarnos cada vez que caemos.

—Nelson Mandela

Los diferentes animales tienen diferentes instintos cuando son amenazados o tratan con el temor. Los osos atacan, las ardillas trepan, los antílopes corren y los topos escarban. Todas estas respuestas instintivas son activas. Pero hay un animal cuya reacción es bastante diferente: la zarigüeya. La zarigüeya es un animal que no ataca, trepa, huye o escarba. La zarigüeya simplemente se congela. Más que volverse activa, se vuelve pasiva. Se hace la muerta; de allí es que tenemos la frase "hacerse el muerto"; y espera que con quedarse quieta va a lograr algo.

He notado que muchas veces cuando la gente es lastimada o asustada se convierten en zarigüeyas espirituales. En lugar de ser activos, se vuelven pasivos. Cuando las cosas se ponen difíciles, cuando están tratando con el dolor o la decepción, se congelan. Dejan de moverse. ¿Le suena familiar? ¿Alguna vez se ha encontrado en patrón de espera a causa de una prueba inesperada o una decepción aplastante? ¿Alguna vez se ha encontrado en una situación en la que no sabía qué hacer así que no hizo nada?

Si ha tratado con una herida que lo ha congelado en movimiento, no estoy minimizando su dolor. Créame; he pasado por muchos momentos de prueba que han dolido tanto que sentía que no podía continuar. Yo entiendo lo que está pasando porque yo también me he paralizado por una dificultad. Pero quiero alentarlo en medio de su dolor a que algunas veces lo mejor que puede hacer es seguir avanzando.

Quizá no tenga todavía todas las respuestas. Probablemente siga en choque por las circunstancias. Probablemente sienta

> *Algunas veces lo mejor que puede hacer es seguir avanzando.*

incluso que el mundo se está hundiendo debajo de usted. Pero en medio de esas dificultades, si usted sigue avanzando, lo ayudará a no perder la esperanza. Probablemente no pueda ver una luz al final del túnel en este momento, pero si usted echa su ansiedad sobre el Señor y confía en que Él está con usted en esta dificultad, descubrirá la sanidad a medida que camine con Él. Con el tiempo, no solamente encontrará la luz al final del túnel, la luz echará fuera de su vida cualquier cosa oscura.

Entiendo que dependiendo de la gravedad de la situación que usted está enfrentando, van a haber algunos días en los que no tenga ganas de hacer nada. Con una pérdida grave viene un proceso natural de duelo que consiste en etapas distintas. Pero a medida que usted avance en su proceso de sanidad, simplemente sepa que la respuesta final no es aislarse y pasar la vida inmovilizado por el dolor. Dios quiere que dé pasos de fe, confiando en que Él lo va a llevar a salir del dolor hacia algo mejor.

> *El Señor afirma los pasos del hombre cuando le agrada su modo de vivir; podrá tropezar, pero no caerá, porque el Señor lo sostiene de la mano.*
>
> Salmo 37:23-24

El privilegio de confiar en Dios es absolutamente maravilloso. Nos permite tener esperanza cuando parece no haber razón para tenerla. Cuando todo parezca perdido, usted puede confiar en que Dios dirija sus pasos.

Hace poco me enteré de que una amiga ha estado pasando por una experiencia terrible con el cáncer. Se encuentra al final de sus tratamientos ahora y lista para reintegrarse a la vida diaria. Ella me dijo: "Estoy teniendo dificultades en saber cómo seguir adelante ya que mi vida jamás volverá a ser como era". Usted quizá se identifique con esto bastante bien. Probablemente un ser querido ha muerto y no se puede imaginar la vida sin esa persona. Probablemente perdió un empleo en el que había trabajado durante muchos años del cual usted suponía se retiraría. ¿Y ahora qué? Tenga la seguridad de que aunque usted no lo sepa, Dios sí. Él guiará cada uno de sus pasos.

El poder de seguir adelante

Recuerdo haber recibido noticias devastadoras justo antes de tener que comenzar un congreso de tres días. Era difícil seguir avanzando, pero sabía que tenía que hacerlo. Sentía que el Espíritu Santo me estaba diciendo: "Solamente sigue poniendo un pie delante del otro. ¡Sigue avanzando!".

Seguir avanzando no se llevó todo el dolor y la decepción que sentí, pero evitó que me hundiera en un foso de desaliento, y en unas pocas semanas, la situación se resolvió. Uno de los síntomas de madurez espiritual es tener la disciplina de cumplir con sus compromisos, aun y cuando esté pasando por momentos muy difíciles. Yo estaba sufriendo, pero necesitaba seguir ministrando a otros que estaban sufriendo, y a medida que lo hacía, Dios me sanó y resolvió mi problema.

Tan difícil como sea recordarlo cuando estamos sufriendo, las cosas pasan y llegan a un fin. La primavera siempre viene después del invierno. El sol brilla otra vez después de la tormenta. Ayer estuvo nublado todo el día, y finalmente tuvimos tormentas eléctricas y lluvia pesada, pero

¡No habrá tormenta para siempre!

hoy el cielo es azul y el sol está brillando. Creo que puedo ver, incluso en los patrones naturales del clima y los cambios estacionales, cómo las cosas malas siempre le abren paso a las cosas buenas. Si está nublado y lluvioso en su vida hoy, espere el sol que probablemente estará brillando mañana, o al día siguiente o el siguiente después de ese. ¡No habrá tormenta para siempre!

La Biblia nos da el ejemplo de una mujer enferma (la mujer con el flujo de sangre) quien *se abrió paso por entre* la multitud para llegar a Jesús (vea Marcos 5:25-34; Lucas 8:43-48). Aunque esta mujer había estado enferma durante 12 años y había gastado todo lo que tenía en doctores que no podían ayudarla, se rehusó a sentarse pasivamente a esperar que el dolor se fuera. Ella decidió dejar que la esperanza la inspirara para abrirse paso a través de toda adversidad. Nada la iba a alejar de Jesús; ni la multitud, ni la enfermedad, ni lo mucho que había esperado, ni sus dudas, ni su dolor. Ella seguía diciéndose a sí misma: *Si al menos logro tocar su manto, quedaré sana* (vea Mateo 9:21). Con esperanza y fe en su corazón simplemente siguió avanzando.

Probablemente tenga su propia multitud a través de la cual abrirse paso hoy. Quizá sea una multitud de pensamientos negativos. Podría ser una multitud de dolor y sufrimiento del pasado. Posiblemente sea una multitud a su alrededor de personas que no lo apoyan. Quizá sea una multitud de presión financiera. Pudiera ser una multitud de dolor en su cuerpo. Pero si persevera y se abre paso a través de todas esas cosas y se rehúsa a permitir que las decepciones de la vida lo mantengan atorado en el desánimo y la miseria, su victoria vendrá.

Filipenses 3:13-14 dice:

> *Hermanos, no pienso que yo mismo lo haya logrado ya. Más bien, una cosa hago: olvidando lo que queda atrás y esforzándome por alcanzar lo que está delante,* **sigo avanzando** *hacia la meta para ganar el premio que Dios ofrece mediante su llamamiento celestial en Cristo Jesús (énfasis añadido).*

Me encanta este pasaje de la Escritura. Pablo dijo que iba a olvidar lo que estaba atrás—los errores y el dolor de su pasado—y que iba a proseguir hacia su destino. Usted puede hacer lo mismo. Puede abrirse paso por entre todas esas cosas que podrían tratar de retenerlo. Hoy puede rehusarse a tener una actitud derrotada. Hoy puede rehusarse a "hacerse el muerto". Usted puede decidir seguir avanzando; puede escoger proseguir.

Dios se está moviendo

Probablemente esté leyendo esto y pensando: Joyce no sé si puedo seguir avanzando. Estoy pasando por algo realmente difícil, y no me siento con ganas de dar otro paso. Si ese es usted hoy, lo insto a no rendirse a esos sentimientos. Si fuéramos a seguir a Dios, necesitaríamos seguir avanzando en fe. Cuando estudio la Palabra de Dios no puedo evitar ver que Dios siempre se está moviendo. No solamente eso, Él siempre está llamando a su pueblo a moverse... incluso en las circunstancias más difíciles.

> Cuando los israelitas salieron de Egipto, y el ejército egipcio los persiguió, atrapándolos contra el mar Rojo... *¡Dios les dijo que siguieran avanzando!*
>
> Después de 40 años en el desierto, cuando los hijos de Israel llegaron al Jordán, inseguros de si debían cruzar hacia Canaán... *¡Dios les dijo que siguieran avanzando!*
>
> Cuando el ejército de Israel llegó a la amurallada Jericó y no tenían idea de cómo iban a ganar la batalla, fueron instruidos a marchar alrededor de la ciudad. En otras palabras... *¡Dios les dijo que siguieran avanzando!*
>
> Cuando el pueblo de Dios entró a Canaán, y encontró la tierra habitada por gigantes, Dios les instruyó que conquistaran la tierra... *¡Dios les dijo que siguieran avanzando!*

En todas estas situaciones, el pueblo se sintió tentado a "hacerse el muerto". Las dificultades que estaban enfrentando los hicieron querer esconderse y esperar en lugar de levantarse y seguir avanzando. Pero en cada momento Dios los instruyó a seguir avanzando y a confiar en que Él los guiaría para salir de los problemas hacia la victoria. Si se hubieran congelado por el temor y la incertidumbre, jamás hubieran experimentado la abundancia que Dios tenía para ellos. Aunque fue difícil en ese momento, ellos decidieron levantarse y seguir avanzando. Y al final valió mucho la pena.

Los ejemplos bíblicos no solamente se encuentran en el Antiguo Testamento. Al leer los relatos de los Evangelios sobre la vida de Jesús, uno puede ver que siempre se estaba moviendo. No se congeló ni se hizo el muerto cada vez que enfrentó la adversidad. Siguió moviéndose de una ciudad a la otra, de una persona a la otra, decidido a hacer aquello para lo que estaba en la Tierra. Incluso cuando la gente no lo aceptó, aun y cuando los fariseos trataron de atraparlo, aunque las multitudes se volvieron en su contra, Jesús siguió avanzando.

Creo que una de las razones por las que Dios siempre mantuvo a sus hijos avanzando—contra ejércitos opositores, a través de ríos, a la Tierra Prometida—es porque hay esperanza en el movimiento. Si no está caminando, no tiene esperanza de llegar a algún lugar nuevo.

¡Sin avance no hay esperanza de cambio!

Dé un paso de obediencia

Una de las maneras de mantenerse avanzando es simplemente siendo obediente a Dios; usted puede simplemente hacer lo que Él lo guíe a hacer. Lo pasos que Él le pida tomar pueden ser pequeños o grandes, pueden ser incluso inesperados, pero seguir a Dios es la única manera en que podrá llegar al destino correcto.

Sigo pensando en los israelitas y en la manera en que la nube de la presencia de Dios los guío a través del desierto. La nube cubría el tabernáculo, y la Biblia dice que cuando la nube avanzaba, los israelitas se movían, y cuando permanecía, permanecían. Nunca sabían cuándo se iba a mover, pero tenían que estar listos para avanzar cuando Dios lo hiciera (Números 9:16-23). ¿Está listo para eso? Estoy segura de que algunas veces no tenían ganas de avanzar cuando Dios los instaba a hacerlo, pero si querían salir sanos y salvos del desierto, tenían que confiar en la dirección de Dios.

Necesitamos vivir en un estado de disposición, como soldados que han sido puestos en alerta. Cuando eso sucede, los soldados saben que pueden ser llamados a servicio activo en cualquier momento. Cuando los doctores están en servicio deben estar listos en cualquier momento para ir y atender a una persona enferma. No importa cuáles sean sus planes o lo que estaban haciendo. Cuando reciben la llamada, acuden al llamado.

En uno de mis congresos, estaba buscando en mi Biblia durante la adoración, y de pronto vino a mi corazón que debería darle mi Biblia a una mujer en particular que acababa de compartir su testimonio unos minutos antes. Sentí fuertemente que debía dársela cuando terminara de predicar esa noche. Ahora bien, tengo que decirle que no estaba esperando eso para nada, y que realmente me gustaba esa Biblia; tenía cantidad de notas en ella. De hecho, la Biblia tenía notas sobre las siete mayores lecciones que había aprendido en la vida escritas en ella. Pero sentí fuertemente que el Señor me estaba instruyendo a que se la diera. Ahora bien, yo no sabía por qué Dios me estaba pidiendo que me moviera en esa dirección. Probablemente eso iba a animar realmente a esa mujer, o quizá el Señor solo estaba viendo si yo sería obediente. Pero sin importar la razón, tenía una decisión que tomar: actuar en obediencia o ser desobediente. Tomé la decisión correcta en ese momento, pero ha habido otras ocasiones en que no lo he hecho y siempre termino con remordimientos.

¡La única manera en la que podemos vivir sin remordimientos es hacer lo correcto ahora! ¿Qué es lo que Dios le ha puesto en el corazón a hacer? ¿Le ha pedido que perdone a alguien que lo lastimó? ¿Que bendiga a alguien que esté luchando? ¿Que cambie un hábito destructivo? ¿Que deje una relación disfuncional? ¿Animar a un amigo? ¿Confrontar un asunto? Lo que sea que el Señor le esté pidiendo que haga, no vacile otro momento. Muévase en obediencia y vea como Dios bendecirá cada paso que tome. Verdaderamente creo que la desesperanza viene con la inactividad, pero nuestra esperanza florece cuando nos estamos moviendo al paso de Dios.

Recientemente escuché que hablando físicamente, entre más se mueva, más será capaz de moverse, y que entre menos se mueva, menos capaz es de moverse. Si la gente se retira y se sienta y no hace nada, su salud comienza a menguar y cada vez pueden hacer menos y menos. No obstante, la edad no parece importar con esos individuos que permanecen activos y se rehúsan a rendirse ante la vida. Del mismo modo, creo que entre más rápidamente nos movamos con Dios, será más fácil hacerlo. Si ha estado congelado por temor por largo tiempo, podría tomar un esfuerzo adicional comenzar a avanzar de nuevo, pero valdrá la pena.

> *Algunas veces Dios está esperando que obedezcamos su última instrucción antes de darnos una nueva.*

Si usted siente que necesita avanzar en alguna dirección, pero no está seguro de lo que Dios le está pidiendo que haga y se siente atorado, permítame hacerle dos preguntas: (1) ¿Cuál fue la última cosa que sintió que Dios le pidió que hiciera? (2) ¿Lo hizo? Algunas veces Dios está esperando que obedezcamos su última instrucción antes de darnos una nueva. Con Dios no se puede saltar pasos; siempre es un paso a la vez.

Probablemente el Señor puso en su corazón:

- Volver a la escuela.
- Cambiar la manera en la que le habla a su cónyuge.
- Tener una actitud gozosa.
- Cuidar mejor de sí mismo.
- Pasar más tiempo estudiando la Palabra.
- Comenzar un grupo de estudio bíblico.
- Darle un regalo a alguien en necesidad.
- Alentar más a sus hijos.
- Trabajar como voluntario en su comunidad.

- Servir en su iglesia.
- Compartir su testimonio con un amigo.

No podemos saltarnos pasos solo porque no nos gusta el actual que Dios nos está pidiendo que demos. ¿Qué le sucedería a un pastel si le ponemos todos los ingredientes excepto la harina? Solo dejamos fuera un paso, pero sería suficiente para arruinar todo el pastel. Todos nuestros demás esfuerzos e ingredientes serían desperdiciados simplemente porque decidimos saltarnos un paso en el proceso de horneado del pastel.

Durante muchos años Dios me estuvo pidiendo que tuviera una actitud más sumisa hacia mi marido, pero yo no estaba lista para dar ese paso. Me seguía diciendo a mí misma que simplemente no podía hacerlo porque había sido abusada por hombres que trataron de controlarme en mi pasado. Pero, verdaderamente, solo era una excusa para la desobediencia. Estaba atorada y nada estaba pasando en mi vida o en mi ministerio porque estaba dejando fuera un paso. Cuando finalmente di el paso y seguí la nube de la presencia de Dios, comenzaron a suceder cosas buenas de nuevo.

Gire a la derecha, gire a la izquierda

En 1987, el periódico *The Los Angeles Times* publicó una historia acerca de un esquiador de descenso alpino de 53 años llamado Ed Kenan. Kenan era un hombre de negocios que le encantaba esquiar y que estaba entrenando para competir en el evento de eslalon gigante en los Juegos Olímpicos de Invierno. Pero había algo inusual con respecto a Ed Kenan: era ciego.

Siete años antes, Kenan perdió la vista, un ojo a la vez. Dos operaciones no pudieron detener que las retinas desprendidas debido a la diabetes le quitaran la vista. Tratando con una dificultad inefable, Kenan tenía una decisión que tomar: Podía sentarse en la oscuridad sintiendo compasión por sí mismo, enojado porque la vida le había repartido una mala mano, o podía seguir avanzando. Kenan tomó su decisión: seis meses después de perder la vista, estaba esquiando sobre nieve en descenso por una pista de Vail, Colorado. "Me obligué a mí mismo a recuperarme —dijo—. Pensé que si podía esquiar en descenso por la ladera de una montaña, podría hacer cualquier cosa que me propusiera".

En 1983, Kenan ganó una medalla de oro en eslalon gigante en la Competencia Alpina de la Asociación Estadounidense de Atletas Ciegos [U.S. Association of Blind Athletes Alpine Competition] que se celebró en Alta, Utah. A lo largo de los años siguientes, le añadiría a esa cuenta de medallas, ganando varias medallas de oro y plata en diferentes competiciones. Ni siquiera la ceguera podía evitar que Ed Kenan viviera su vida al máximo.

Cuando se le preguntaba cómo era posible que esquiara montaña abajo por las pistas y maniobrara las diferentes puertas del eslalon gigante, Ed explicaba que tenía un guía que sí podía ver quien esquiaba delante de él al descender la montaña. En una fuerte voz su guía le gritaba: "Vamos, vamos, vamos" cuando se necesitaba más velocidad, y gritaba un exagerado: "Gire a la dereeecha", "Gire a la izquieeerda", cuando se acercaban a las puertas. Lo único que tenía que hacer Kenan era seguir avanzando y confiar en la dirección de su instructor. Si lo hacía, podía terminar la pista sin errores y cruzar la meta sano y salvo.[1]

Aunque la dificultad con la que usted está tratando pueda ser diferente a la de Ed Kenan, probablemente pueda identificarse con él aunque sea un poco. Posiblemente usted sepa lo que es sufrir una pérdida inesperada. Puede ser que entienda cómo se siente tratar con una decepción aplastante. Quizá esté enfrentando un diagnóstico atemorizante. Probablemente alguien o algo que usted pensó que siempre estaría allí de pronto se ha ido. Y posiblemente usted se está haciendo la pregunta: *¿Me rindo ahora, o encuentro una manera de seguir adelante?*

Sin importar cuál sea la oscuridad con la que esté tratando, déjeme recordarle que no está solo. Dios ve por lo que está pasando, y está allí mismo con usted. Isaías 30:21 dice: "Ya sea que te desvíes a la derecha o a la izquierda, tus oídos percibirán a tus espaldas una voz que te dirá: "Éste es el camino; síguelo"". Eso significa que Dios ha prometido ser su guía. Cuando no pueda ver por dónde ir, no tenga miedo. ¡No se haga el muerto!

Algunas veces avanzar simplemente significa levantarse de la cama y limpiar su casa, o ir al trabajo; otras veces significa seguir alguna dirección específica de Dios. ¡Sin importar como sea—sencillo o más desafiante—Dios quiere que estemos activos para que no nos atrofiemos espiritualmente! Dios lo va a guiar y usted lo escuchará decir: "Gire a la dereeecha", "Gire a la izquieeerda". ¡Entre más use su fe, más fe tendrá! Jesús dijo: "Porque a todo el que tiene, se le dará más, y tendrá en abundancia. Al que no tiene se le quitará hasta lo que tiene". Estaba hablando acerca de la fe necesaria para actuar en lugar de esconderse en temor. Siga avanzando; ¡es una de las cosas más poderosas que puede hacer!

¡Viva con esperanza!

Si se ha encontrado atorado en la vida a causa del dolor, una incertidumbre o una decepción, quiero animarlo a que se levante y siga avanzando. Probablemente no sea fácil, pero puede hacerlo. Ábrase paso a través de las cosas que lo podrían mantener atorado. Decida hacer algo en lugar de nada. Sea obediente a lo que el Señor le está pidiendo que haga.

¡Dios quiere librarlo de las arenas movedizas del desánimo y la desesperanza! Así que siga adelante y viva con esperanza. Aunque no pueda verlo en este momento, Dios tiene un plan maravilloso para su vida. Usted no va a sufrir para siempre; usted tiene un futuro brillante delante de usted. No se haga el muerto un momento más.

> *Por eso se dice: Despiértate, tú que duermes, levántate de entre los muertos, y te alumbrará Cristo.*
>   Efesios 5:14

SECCIÓN III

ESPERANZA Y FELICIDAD

• • • •

Dichoso aquel cuya ayuda es el Dios de Jacob, cuya esperanza está en el Señor su Dios.

Salmo 146:5

Es mi oración que usted esté comenzando a ver el poder de la esperanza y que esté cayendo en cuenta de que su esperanza y su felicidad están vinculadas cercanamente. No puede tener fe sin esperanza porque la esperanza es una expectativa positiva de que algo bueno va a suceder. Traté de ejercitar lo que pensaba que era la fe durante muchos años, pero tenía una mala actitud con respecto a la vida y ciertamente eso no es esperanza.

También era infeliz la mayor parte del tiempo, aunque era cristiana, tenía una hermosa familia y estaba en el ministerio a tiempo completo. No entendía lo que estaba mal y cometía el error que la mayoría de nosotros comete, que es pensar que si las "cosas" cambiaran, entonces yo sería feliz. Estaba tratando de usar mi fe para hacer que Dios cambiara las *cosas*, pero fallaba en darme cuenta de que Él quería cambiar*me* mucho más de lo que quería cambiar mis circunstancias.

Él quería que aprendiera a estar feliz en cualquier situación, y que eso es posible solamente si tomamos la decisión de tener esperanza; de vivir con la feliz expectativa de que algo bueno está a punto de sucedernos, de suceder a través de nosotros y alrededor de nosotros.

¡Como mencioné, me estoy refiriendo a este libro como a "El libro feliz"! Verdaderamente creo que si aplica en su vida los principios de estas páginas, liberarán cualquier gozo contenido que no haya podido descorchar hasta ahora.

Siga diciendo: "Algo bueno me va a suceder hoy", y: "Algo bueno va a suceder a través de mí hoy".

CAPÍTULO 10

BUSQUE LO BUENO EN TODO

*Porque yo sé muy bien los planes que tengo para ustedes
—afirma el Señor—, planes de bienestar y no de calamidad, a fin de darles un futuro y una esperanza.*

Jeremías 29:11

No pienso en toda la miseria, sino en la belleza que
todavía permanece.

—Ana Frank

Hay una historia acerca de tres hombres que se encontraron
trabajando en un sitio bastante peculiar. Estos hombres eran albañiles sencillos que habían sido contratados para ayudar a construir
una magnífica catedral londinense que ya estaba en construcción.
Esta catedral había sido diseñada por el reconocido arquitecto Sir
Christopher Wren y se esperaba que fuera una obra maestra arqui-
tectónica. Un reportero londinense que estaba escribiendo acerca
de la catedral en construcción les hizo a tres hombres una pregunta simple: "¿Qué está haciendo aquí?". El primer hombre respondió: "Estoy cortando piedra por 10 chelines al día". El segundo
hombre respondió: "Le estoy dedicando 10 horas al día a este trabajo". Pero el tercer hombre dio una respuesta completamente distinta: "Le estoy ayudando a Sir Christopher Wren a construir una
de las catedrales más grandiosas de Londres".[1]

¿No es sorprendente cómo su actitud puede afectar su perspectiva de la vida? Lo que usted decida creer importa. El primer trabajador creía que el dinero era lo más importante. Cuando le
preguntaron acerca del trabajo, lo primero de lo que habló fue de
qué tanto o qué tan poco dinero estaba ganando. El segundo

trabajador creía que su tiempo era de la importancia mayor. Cuando se le pidió que describiera lo que estaba haciendo, naturalmente habló acerca de las muchas horas que pasaba en el trabajo. Pero el tercer trabajador decidió ver más allá del dinero que estaba ganando y del tiempo involucrado. No veía este proyecto simplemente como un trabajo más. Lo veía como una oportunidad maravillosa; la ocasión de construir una gran catedral. Él vio lo mejor en esta situación, y eso lo llevaba a estar emocionado y gozoso con respecto a la tarea a la mano.

Creo que una de las cosas más valiosas que puede hacer con el fin de vivir una vida llena de una esperanza gozosa y vencedora es creer lo mejor en cada situación. Eso no es fácil de hacer. Es natural encontrar faltas y buscar al culpable; nuestra carne hace eso automáticamente. Pero ver y creer lo mejor es una decisión. Es una decisión que usted toma para cambiar de negativo a positivo el ambiente que hay en su vida por defecto. En lugar de suponer lo peor, crea lo mejor. Crea lo mejor acerca de su compañero de trabajo. Crea lo mejor acerca de su iglesia. Crea lo mejor acerca de su cónyuge. Crea lo mejor acerca de su salud. Crea lo mejor acerca de sus hijos. Crea lo mejor acerca de su futuro. Se sorprenderá de cómo toda su perspectiva de la vida cambiará por simplemente creer lo mejor de la gente y de las situaciones en su vida.

> *En lugar de suponer lo peor, crea lo mejor.*

Jesús nos dio un mandamiento nuevo, que es amarnos unos a otros como Él nos ha amado. La Palabra de Dios nos enseña que el amor siempre cree lo mejor (1 Corintios 13:7). De hecho, la Escritura dice que el amor es esta listo para creer lo mejor de todos. Sintonice su mente cada mañana para creer lo mejor a lo largo del día. ¡Creo que es algo que debemos hacer a propósito!

Usted puede ser como los dos primeros albañiles que se presentaron al trabajo cada mañana viendo solamente un salario pequeño y un largo día por delante. Tenían actitudes poco inspiradas y una perspectiva monótona de la vida. O usted puede ser como el tercer albañil que vio una oportunidad en lugar de una obligación. Él creía que lo que estaba haciendo era importante, y estaba emocionado por sus tareas asignadas cada día. Es simplemente un asunto de perspectiva. Los tres tenían el mismo trabajo, pero de hecho solamente uno lo disfrutaba.

Cada vez que encuentro dificultades para mantenerme positiva con respecto a lo que esto haciendo, me ayuda tremendamente recordar que estoy sirviendo a Cristo.

> *Hagan lo que hagan, trabajen de buena gana, como para el Señor y no como para nadie en este mundo, conscientes de que el Señor los recompensará con la herencia. Ustedes sirven a Cristo el Señor.*
>
> Colosenses 3:23-24

Una actitud de esperanza

La esperanza y el cinismo no pueden coexistir. Por eso es que es tan importante creer lo mejor acerca de las personas en su vida y las tareas que enfrenta día a día; cuando lo hace, la esperanza florece y el cinismo se muere. Si usted se despide de un espíritu de crítica y una actitud de queja, usted descubrirá un emocionante nuevo nivel de gozo. Usted comenzará a apreciar a las personas que alguna vez dio por sentadas, y comenzará a ver las tareas diarias como oportunidades más que obligaciones. Es sorprendente cómo un simple ajuste de perspectiva—escoger una perspectiva según Dios—puede cambiar su vida.

La mayoría de la gente que no es feliz en la vida, no lo es porque se enfoca en las cosas poco felices. Ven lo peor en los demás, hablan acerca de todo lo que está mal en la vida, y generalmente tienen una disposición negativa. Pero la esperanza hace lo opuesto; la esperanza ve lo mejor, no lo peor. Por eso es que la esperanza trae felicidad. Cuando usted está esperando que Dios haga algo bueno, no puede evitar estar feliz. Muchas personas que están desanimadas y frustradas en la vida se sienten así simplemente porque no están esperando que suceda nada bueno.

> *La esperanza ve lo mejor, no lo peor.*

A mí me sucedieron muchas cosas dolorosas y abusivas en los primeros años de mi vida, y a causa de ello nunca supe realmente lo que era ser feliz. A los 23 años me casé con Dave y después de unas semanas recuerdo que me preguntó: "¿Qué te pasa? ¿Por qué eres tan negativa con respecto a todo?". Le dije: "Bueno, si no esperas que suceda algo bueno, no te decepcionarás cuando no suceda". ¿Puede imaginar a alguien diciendo eso? Bueno, yo lo dije, y realmente lo creía en ese momento de mi vida.

Esas palabras se habían convertido en mi filosofía de vida. Pensé que me estaba protegiendo a mí misma de ser lastimada y decepcionada por no esperar que nada bueno sucediera. Podía encontrar lo negativo en casi cada situación porque estaba acostumbrada a experimentar eso. Gracias a Dios, a lo largo de los años, Él me ha enseñado mucho acerca de la esperanza. Ha cambiado mi actitud y me ha mostrado la importancia de establecer, y de mantener establecida, mi mente en Él y en su Palabra. Ya no soy una persona que espera que pasen cosas malas. Yo hago lo que lo estoy instando a que haga. A propósito busco y espero cosas buenas. También tomo tiempo regularmente para volver a tomar en cuenta cualquier cosa buena que note que Dios ha hecho por mí o a través de mí. Entre más esté consciente usted de la bondad de Dios, más vivirá cada día con emoción y expectación.

La esperanza tiene todo que ver con la actitud. Y creo que con la ayuda de Dios, usted y yo podemos tener una actitud positiva acerca de todo lo que sucede en la vida…sin importar cuál sea la situación. Si usted desea ser una persona llena de esperanza y felicidad, no importa lo que suceda en el curso de su día, decida confiar en Dios y tener una perspectiva positiva mediante creer lo mejor en cualquier situación.

- Si su hijo se despierta con un resfriado y no puede ir a la escuela, decida tener una perspectiva positiva. Agradézcale a Dios que es solo un resfriado y nada peor.

- Si la pila tiene una fuga, y moja el piso de la cocina agradézcale a Dios que estuvo en casa cuando sucedió y que lo vio antes de que sucediera un desastre mayor.

- Si la tintorería arruina uno de sus trajes, decida tener una perspectiva positiva. Ahora tiene una excusa para ir de compras.

- Si pierde su empleo, decida ser positivo. Ahora tiene la oportunidad de tener uno mejor.

Sin importar el desafío inesperado o frustración que enfrente, decida por adelantado que no va a permitir que robe su gozo. Ser infeliz no logra nada excepto hacerlo sentir miserable, así que no desperdicie su tiempo con ello. No permita que los eventos diarios de la vida determinen el tipo de vida que usted va a vivir. Decida sonreír incluso en medio de circunstancias irritantes, y rehúsese a permitir que algo como un ridículo embotellamiento o un mal día con su cabello eviten que disfrute su vida.

> *Sin importar el desafío inesperado o frustración que enfrente, decida por adelantado que no va a permitir que robe su gozo.*

Belleza de las cenizas

Ver lo mejor en cualquier situación y mantener una perspectiva positiva es posible solamente gracias a las promesas que encontramos en la Palabra de Dios. En Romanos 8:28, el apóstol Pablo dice: "Ahora bien, sabemos que Dios dispone todas las cosas para el bien de quienes lo aman, los que han sido llamados de acuerdo con su propósito". Observe que el versículo no dice que Dios dispone *algunas* cosas para su bien; dice *todas* las cosas. Cada situación, cada encuentro, cada prueba, cada frustración; Dios va a disponer *todo* para su bien.

Dios puede tomar incluso las cosas más difíciles por las que ha pasado y disponerlas para su bien. Isaías 61:3 dice que Él le dará "una corona en vez de cenizas" y "aceite de alegría en vez de luto". Dios no provocó el dolor o la disfunción que ha sufrido, pero Él puede sanar sus heridas y usar aquello por lo que ha pasado para lograr algo hermoso; para su vida y la de los demás.

Personalmente he encontrado que creer que Dios dispondrá algo bueno a partir de cualquier dilema actual que esté experimentando realmente me ayuda a pasar por ello con una actitud llena de esperanza. Es una promesa maravillosa que he visto funcionar vez tras vez tal como Dios promete. Funcionó así en mi caso: cuando tenía cáncer de mama, para vencer haber sido víctima de abuso sexual en mi infancia, cuando las amigas en las que confiaba se volvieron en mi contra y en otras situaciones incontables. Sin importar por lo que esté pasando en este momento, crea y diga: "Dios dispondrá esto para mi bien", y usted sentirá como su humor mejora.

Disfrute la espera

Si le preguntara: "¿Cuál es uno de los momentos más difíciles para estar feliz y esperanzado?"; hay una buena oportunidad de que me diga que es cuando está esperando en Dios que responda una oración o supla una necesidad. Podría ser cuando está esperando en el tráfico, o esperando a su cónyuge a que se arregle para a ir a algún lugar con usted y se está haciendo tarde. Podría ser cuando está esperando en la fila de la tienda de abarrotes y el cajero es nuevo y se está tardando mucho en registrar su compra. Podría ser esperar cambios en las personas por las que ha orado o incluso victorias en los hábitos contra los que ha luchado. Nunca es fácil esperar, pero es

> *Podemos experimentar el gozo del Señor incluso en los momentos cuando estamos esperando.*

algo que todos tenemos que hacer de vez en cuando en nuestra vida. He conocido a muchas personas que pierden toda la paz y el gozo mientras están esperando. Una de esas personas la conozco sumamente bien, ¡porque esa persona soy yo! Gracias a Dios, he avanzado a lo largo de los años, pero todavía estoy perfeccionando eso de "esperar bien".

Creo que podemos experimentar el gozo del Señor incluso en los momentos en los que estamos esperando. Todo depende de cómo decidamos esperar. Isaías 40:31 dice: "Pero los que confían en él renovarán sus fuerzas…". Usted puede ser fortalecido en el proceso de la espera, pero solamente si espera con esperanza: teniendo expectativa, buscando y esperando en Él. Frustrarse, ser impaciente y sentirse miserable mientras está esperando en Dios no tiene ningún beneficio. Pero si tiene una actitud de expectación y anticipación, la temporada de espera de hecho puede ser un tiempo excelente en su vida. Incluso cuando estemos esperando en la fila de la tienda de abarrotes, podemos decidir creer que nuestro tiempo está en sus manos como Él dice en la Escritura. Probablemente Dios nos esté salvando de algún accidente al retrasar nuestra salida, o podría estar usando la disciplina del "retraso divino" para ayudarnos a madurar espiritualmente.

Usted podría estar orando y esperando provisión financiera, una sanidad física o emocional, un cónyuge, una oportunidad laboral o que un hijo vuelva a casa. Sin importar lo que sea, usted puede tener gozo en la espera si usted cree lo mejor…incluso antes de recibirlo. Algo parecido a este muchacho:

> Un hombre se acercó a un partido de Ligas Infantiles una tarde. Le preguntó a un muchacho de la banca por la puntuación. El muchacho respondió: —Dieciocho a cero, nosotros estamos abajo.
>
> —Qué barbaridad —dijo el espectador—, seguramente estás desanimado.
>
> —¿Por qué debería estar desanimado? —respondió el muchacho—. ¡Todavía no es nuestro turno al bate!".[2]

Me encanta esta historia sencilla y la esperanza de este muchacho. La suposición era que este muchacho de la Liga Infantil debería estar molesto y desanimado. Su equipo está siendo aplastado y apenas es la primera entrada. Las cosas no se ven muy bien que digamos mientras él y sus compañeros de equipo esperan su turno al bate.

Pero en lugar de tener una actitud negativa y deprimirse por como se ven las cosas en el proceso de espera, este joven jugador de béisbol escogió tener una actitud diferente. Creía lo mejor y suponía que su equipo iba a anotar más de 18 carreras cuando su periodo de espera terminara. En lugar de desanimarse mientras esperaba, estaba emocionado.

Si está esperando algo hoy, no permita que las apariencias externas le roben la esperanza y aplasten su gozo. Podría parecer que la relación no puede ser restaurada, podría parecer como que las finanzas no van a llegar, podría parecer como que los síntomas no van a cambiar, podría parecer que las cosas no van a funcionar; pero en lugar de desanimarse mientras está esperando, emociónese. Todavía no ha llegado su turno al bate. Crea lo mejor. Confíe en que Dios va a suplir exactamente lo que necesita en el momento preciso que lo necesite. Si usted determina creer lo mejor, incluso antes de ver los resultados, los tiempos de espera pueden ser temporadas emocionantes de expectación esperanzada.

"Cómo" creer lo mejor

Primera de Corintios 13:7 dice: "Todo lo disculpa, todo lo cree, todo lo espera, todo lo soporta". Qué maravillosa Escritura; el amor siempre cree lo mejor de las personas y nunca renuncia a la esperanza. ¿No sería esa una manera excelente de vivir? *¿Siempre listo para creer lo mejor de cada persona y tener esperanza que no se desvanezca bajo todas las circunstancias?* Bueno, ese es el tipo de vida llena de gozo y esperanza que Dios quiere que usted viva.

> En lugar de desanimarse mientras está esperando, emociónese.

Si usted ha fallado en creer lo

mejor acerca de una o más personas en su vida, le está doliendo más a usted que a ellos. Hoy puede ser el día en que usted se despida de la actitud cínica y le dé la bienvenida a la esperanza. Estas son algunas maneras prácticas en las que puede hacerlo.

> *Hoy puede ser el día en que usted se despida de la actitud cínica y le dé la bienvenida a la esperanza.*

Mire más de cerca

- Pídale a Dios que le muestre algo bueno de esa persona, y luego tómese el tiempo de ver más cerca que nunca antes. Usted ya sabe lo que no le gusta; descubra algo que le gusta.
- En lugar de "encontrar faltas", trate de "encontrar favoritos". Encuentre algo que prefiera de esa persona; algo que haya ignorado en el pasado. En lugar de considerar sus problemas, vea su potencial.

Suponga algo bueno

- Muchas veces suponemos lo peor de una persona. *Esa persona me va a decepcionar, me va a herir a propósito, sé que finalmente me va a dejar.* Pero en lugar de suponer lo peor, la esperanza siempre supone lo mejor. Esa persona probablemente se equivocó en el pasado, pero es posible que haya aprendido de sus errores. Suponga que va a bendecirlo y a impresionarlo y luego dele la oportunidad de hacerlo.

Vea a la gente en la manera en que Dios la ve

- Hay una gran diferencia entre la manera en que Dios ve a la gente y la manera en que nosotros vemos a las personas. Por ejemplo, cuando las multitudes venían a Jesús, los discípulos las veían como una carga, pero Jesús las vio con compasión. Pídale al Señor que abra sus ojos para ver a su pueblo en la manera en que Él lo ve; con ojos de amor, comprensión y compasión.

Tenga una mentalidad de "Tengo esperanza" más que una mentalidad de "Odio esto"

• Esto requiere un poco de práctica, pero es un ejercicio divertido. Empiece a esperar cosas buenas de la persona en lugar de odiar las cosas que le molestan de ella. Verbalice su esperanza Trate de decir cosas como: "Espero que esto funcione", "Espero que estés en lo correcto", y: "Tengo esperanza con respecto a esta relación", en lugar de: "Odio hacer nuevos amigos", "Me molesta tratar con esa persona", o: "Me choca cuando dicen eso".

Estos son algunos buenos pasos para ayudarlo a comenzar, pero no es una lista exhaustiva. Si realmente quiere saber cómo estar lleno de esperanza, creyendo lo mejor acerca de los demás y de las circunstancias de su vida, estudie el ejemplo de Jesús. Lea los Evangelios y observe la manera en que Jesús ministraba, sanaba, alentaba, enseñaba y amaba. Jesús no solamente quería lo mejor para la gente; también veía lo mejor en ella. Qué gran ejemplo a seguir. ¿No está feliz de que Jesús vio lo mejor en usted? ¡El vio algo que valía la pena salvar! Usted y yo podemos tomar la decisión de hacer eso mismo por otras personas. ¡Comencemos hoy!

> Jesús no solamente quería lo mejor para la gente; también veía lo mejor en ella.

¡Viva con esperanza!

Hay un gozo que viene con esperar y creer lo mejor. Es como ser un buscador de oro que cree que está a punto de volverse rico. Cuando se acerque a las personas y a las circunstancias de su vida con una actitud llena de esperanza, con toda seguridad encontrará algo bueno.

No permita que las frustraciones del día le roben el gozo. Sea lo suficientemente positivo para sonreír a través de los inconvenientes diarios. Y si está tratando con algo mayor que un inconveniente, recuerde que Dios promete disponer todas las cosas para su bien. Así que siga adelante y viva con esperanza. Hoy van a suceder cosas buenas...y mañana...y el día después de ese. Lo único que tiene que hacer es buscarlas.

CAPÍTULO 11

CAUTIVOS DE LA ESPERANZA

Vuelvan a su fortaleza, cautivos de la esperanza, pues hoy mismo les hago saber que les devolveré el doble.

Zacarías 9:12

La esperanza es el sueño de un hombre que camina.

—Aristóteles

Se cuenta la historia de un sistema escolar en una gran ciudad que tenía un programa especial diseñado para ayudar a los estudiantes a ir al día con sus tareas durante largas esperas en los hospitales de la ciudad. Un día, una maestra que estaba trabajando en el programa recibió una llamada de rutina en la que se le pidió que le llevara trabajo escolar a un niño en particular. Habló brevemente con la maestra del niño y escribió el nombre del muchacho y su número de habitación. "Estamos estudiando sustantivos y adverbios en su grupo ahora —explicó la maestra regular—. Me encantaría si pudiera ayudarlo a entender estos conceptos para que no se retrase mucho".

La maestra asignada al programa hospitalario fue a ver al muchacho más tarde esa noche. No obstante, al darle a la maestra el trabajo a realizar nadie pensó en mencionarle lo mucho que este niño estaba quemado ni la cantidad de dolor con la que estaba lidiando. Sorprendida por la vista del estudiante sufriente, la maestra torpemente tartamudeó: "Fui enviada por tu escuela para ayudarte con los sustantivos y los adverbios". Cuando salió del hospital esa noche sintió que había logrado muy poco.

Pero al día siguiente, cuando volvió al hospital, una enfermera corrió hacia ella y le preguntó: "¿Qué le hizo a ese muchacho?".

114

Al sentir como si hubiera hecho algo mal, la maestra comenzó a disculparse. "No, no —dijo la entusiasmada enfermera—. No entiende lo que le quiero decir. Habíamos estado preocupadas por ese muchacho, pero desde ayer, toda su actitud cambió. Está luchando por su vida y respondiendo al tratamiento. Es como si hubiera decidido vivir".

Dos semanas después, el niño explicó lo que había sucedido. Antes de que la maestra asignada al hospital llegara, él había perdido toda esperanza. Pero todo cambió cuando ella se presentó en su habitación del hospital. Llegó a una simple conclusión, y lo explicó de esta manera: "No hubieran enviado a una maestra a trabajar con sustantivos y adverbios con un muchacho que se estuviera muriendo, ¿no cree?".[1]

El poder de la esperanza es sorprendente. Postrado en una habitación de hospital, rodeado de enfermedad, desánimo y malas noticias, el muchacho estaba listo para rendirse. Pero una sola maestra con una actitud servicial y un trabajo escolar asignado trajo suficiente esperanza para transformar la perspectiva de la vida de un niño y darle una razón para seguir adelante. Si una persona pudo traer tanta esperanza, imagínese qué sucedería si se rodeara de personas como esa regularmente. ¿Qué podrían lograr cinco o diez o veinte personas como esa?

Piense cómo luciría en su vida. La verdad es la siguiente: Usted va a ser influenciado y profundamente afectado por lo que está a su alrededor. Si usted llena su vida de personas, eventos y actividades para fomentar la esperanza, entonces será lleno de esperanza y optimismo. Pero si usted llena su vida de personas desesperanzadas y decide participar en actividades que sean desalentadoras y negativas, va a estar frustrado y miserable regularmente. Todo es un asunto de aquello con lo que usted decida rodearse todos los días.

Esto no significa que podamos evitar toda la negatividad en la vida. Un poco de lo que nos rodea no es necesariamente por decisión propia, pero podemos tomar las mejores decisiones posibles.

La esperanza que lo rodea

Zacarías 9:12 utiliza una frase interesante cuando se refiere a nuestra relación con la esperanza. En este versículo de la Escritura Dios se refiere a su pueblo como "cautivos de la esperanza". Dice: "Vuelvan a su fortaleza, *cautivos de la esperanza...*" (énfasis añadido).

Me gusta esta descripción: "Cautivos de la esperanza". Piénselo. Si usted es cautivo de la esperanza no tiene opción: no puede ser negativo, no puede preocuparse, no puede estar desesperanzado. Cuando los tiempos son difíciles, y cuando está tratando con la decepción, la esperanza que lo rodee lo llevará a levantarse en fe. Todo a su alrededor le está diciendo que Dios puede abrir un camino, y cuando eso sucede, algo se agita en su espíritu. Usted es envalentonado para creer y declarar: "¡Me están sucediendo cosas buenas y están sucediendo cosas buenas a través de mí!".

Mi primera opción de título para este libro era *Cautivos de la esperanza*, pero estábamos preocupados de que la gente no lo entendería sin una explicación, así que decidimos por *¡Viva con esperanza!* Me encanta el pensamiento de tener tanta esperanza que es como ser apresados por ella. ¿Está listo para vivir su vida encerrado en una prisión de esperanza?

Dios quiere encerrarnos en esperanza, confiando en que puede cambiar lo que se necesita cambiar. ¡Nuestra esperanza está en Dios! ¡Él puede hacer cualquier cosa! No importa cómo nos sintamos o cómo se vean las cosas, creemos que Dios está obrando y que veremos un cambio positivo justo a tiempo. Por eso es que la esperanza es resuelta y no se rinde. Cuando llegue al final de sus fuerzas—cuando su fuerza falte y falle—la historia no se ha terminado. No hay límite para la fuerza de Dios. Su fuerza es inextinguible. Usted

> *Rodéese de esperanza y vea a Dios bendecirlo en maneras que nunca pensó que fuera posible.*

perseverará en su esperanza, no puede perder...porque Dios no puede perder. Como Dios está a su favor, la victoria es segura.

Dios me llamó al ministerio

hace muchos años, pero tengo que ser honesta con usted y decir que el éxito no sucedió de la noche a la mañana. Había mucho trabajo duro involucrado, y hubo muchas noches en las que me pregunté si había escuchado a Dios correctamente. La gente no siempre me recibe bien, y hubo muchas reuniones en las que me pregunté si alguien asistiría siquiera. Dave y yo pasamos años y años de preparación y de confianza en Dios para desarrollar lo que ahora es un ministerio mundial. Durante esos años, fui tentada a renunciar muchas veces. Pero mi testimonio es que: ¡Sigo aquí! Incluso cuando tenía preguntas y dudas, aun y cuando no creía tener la fuerza de seguir, sabía que Dios abriría un camino cuando parecía no haber ninguno. Dave y yo pusimos nuestra esperanza en Él y Él excedió nuestras más locas expectativas.

Si usted toma la decisión de ser un cautivo de la esperanza—de vivir rodeado de la expectativa feliz de que Dios va a hacer algo bueno—lo mismo le puede suceder a usted. Sin importar la meta o sueño que Dios haya puesto en su corazón, usted va a verlo hacerse realidad. Posiblemente no suceda cuando usted pensó que sucedería, y es probable que no suceda en la manera en que usted pensó que pasaría, pero Dios va a obrar de tal modo como para exceder sus más locas expectativas. No tiene que hacerlo suceder en sus fuerzas. Todo lo que tiene que hacer es perseverar; simplemente no se rinda. Rodéese de esperanza y vea a Dios bendecirlo en maneras que nunca pensó que fuera posible.

> …*Ningún ojo ha visto, ningún oído ha escuchado, ninguna mente humana ha concebido lo que Dios ha preparado para quienes lo aman.*
>
> 1 Corintios 2:9

Creo que Dios tiene muchas sorpresas agradables esperándolo, cosas que Él ha preparado que lo están esperando. ¡Viva con esperanza!

Cosas que no puede llevarse con usted

Cuando un prisionero entra en su celda, no puede llevar nada de contrabando con él. No se permiten artículos externos o no aprobados en este ambiente. Esas cosas se consideran peligrosas y por lo tanto no son permitidas.

Bueno, usted es un tipo diferente de prisionero, usted es un prisionero de esperanza. No está rodeado de ladrillos y hierro; Dios quiere rodearlo con su bondad, con su gracia y con su esperanza. Sin importar hacia dónde se vuelva, sin importar dónde busque, usted puede experimentar gozo, paz, confianza y las bendiciones de Dios. Esta es la vida por la que Jesús murió para darle.

Pero es importante entender que hay algunas cosas que no puede traer con usted cuando entra al ambiente de la esperanza porque son peligrosas. Si usted va a ser rodeado por la esperanza, hay una lista de contrabando que tiene la oportunidad de dejar atrás:

- Palabras negativas.
- Mentalidad de víctima.
- Compararse con otras personas.
- Una perspectiva amarga de la vida.
- Murmurar y quejarse.
- Una actitud de autocompasión.
- Desánimo y desaliento.

La vida del creyente no tiene el propósito de ser oprimida por estas cargas del enemigo. Usted no tiene que vivir deprimido y sin esperanza. Con la ayuda de Dios usted puede deshacerse de cualquier mentira desalentadora, egoísta y negativa del enemigo y vivir en un ambiente de esperanza. Usted puede desarrollar su vida sobre la verdad de la Palabra de Dios en lugar de en las mentiras del enemigo.

Una Escritura que cito a menudo es 1 Pedro 5:7 (RVR1960). Dice:

Echando toda vuestra ansiedad sobre él, porque él tiene cuidado de vosotros.

Debemos "echar" nuestra ansiedad. ¡Esa palabra significa lanzar o arrojar! ¿No es una gran imagen? No solamente echamos nuestra ansiedad y la dejamos en una silla a nuestro

> Usted puede desarrollar su vida sobre la verdad de la Palabra de Dios en lugar de en las mentiras del enemigo.

lado donde la podamos recoger después más tarde; la echamos completamente lejos. La echamos tan lejos como podamos para nunca volver a tomarla. ¡La echamos sobre Dios y Él tiene cuidado de nosotros!

Rechace las mentiras que dicen: *Nadie me quiere. Nadie va a querer comer conmigo. Nunca me voy a sacudir esta enfermedad. No voy a obtener la promoción en el trabajo. Probablemente jamás me case.* No se rodee de pensamientos desesperanzados. Eche cada ansiedad sobre Dios en el momento en que sienta su presencia y las cosas en su vida comiencen a florecer. La ansiedad y la preocupación que solían abrumarlo de pronto ya no tienen poder sobre usted. Ahora puede experimentar lo que Jesús llama: "Descanso para su alma" (vea Mateo 11:29).

El jardín de la esperanza

Ya he mencionado que si vivimos en el jardín de la esperanza, algo siempre está floreciendo. Usualmente hay muchos tipos de flores diferentes plantadas en el jardín, y algo está lleno de nueva vida todo el tiempo. Justo cuando un tipo de flor termina de florecer, otro tipo comienza a florecer. Los dueños de este jardín nunca están sin flores en su vida. Tenemos tres variedades de setos en nuestra casa con flores distintas en ellos. Uno florece a principios de la primavera, otro a finales de la primavera y el otro a principios del verano. ¡Tenemos flores todo el tiempo!

Me he dado cuenta de que no voy a disfrutar las flores, sin importar cuántas haya, si no me tomo el tiempo de verlas.

Igualmente, necesitamos tomarnos el tiempo de ver las cosas buenas que están sucediendo a nuestro alrededor regularmente. Los medios informan sobre todo lo malo que está sucediendo en el mundo, pero hay cosas buenas a nuestro alrededor si las buscamos con todo propósito.

Hay ocasiones en las que estamos tan ocupados arreglando nuestros problemas que no tomamos tiempo de buscar lo bueno en la vida. Creo que es importante para nosotros hacer lo que cada crisis demanda durante tiempos de adversidad y tomarnos el tiempo de ver lo bueno en la vida. Podríamos decir que lo bueno es el contrapeso de la dificultad. Es como añadirle sal o especias a la dieta blanda. De alguna manera, encontramos mayor fuerza para tratar con nuestros desafíos en la vida cuando nos tomamos el tiempo de ver lo que está floreciendo cada día en nuestro jardín de esperanza.

Decidí tomarme unos minutos de lo que estoy escribiendo para ver lo que está floreciendo en mi jardín hoy. Descubrí que me siento realmente bien, recordé que dormí muy bien anoche, el sol está brillando, ya hablé con tres de mis cuatro hijos y solo son las 10:30 a.m. y mi esposo me abrazó esta mañana. No obstante, uno de mis nietos está pasando por un tiempo difícil, una buena amiga tiene cáncer, tengo mucho trabajo que hacer esta semana y mi teléfono está descompuesto. Nada que caiga bajo la categoría de "problema" es más de lo que podemos manejar gozosamente si siempre nos tomamos el tiempo de ver lo que está floreciendo en nuestro jardín de esperanza.

Quizá no lo haya notado, pero tengo la certeza de que algo está floreciendo en su vida. Lo aliento a que se tome el tiempo de verlo.

Mejore su ambiente

Algunas veces tenemos que pelear por la esperanza. Debemos ir más allá de las voces en el mundo que tratan de ahogarla. Es importante rodearnos de personas que no sean negativas y apesadumbradas. Por lo menos, necesitamos a algunas personas en nuestra vida que sean esperanzadas y que difundan esperanza. Es fácil cuando estamos sufriendo o tratando con problemas dolorosos ser atraídos hacia personas con las que podemos comentar nuestros problemas. No hay nada malo con compartir nuestro dolor con un amigo o pedir oración, pero no deberíamos escoger personas que no tienen esperanza ellas mismas. Si usted llega a decirle a un amigo negativo acerca del foso en el que usted se encuentra, él le va a decir: "No has visto un verdadero foso hasta que veas mi foso". Usted conoce el tipo de persona de la que le estoy hablando.

Quiero alentarlo a mejorar lo que lo rodea hoy. No se sintonice con las voces negativas y en lugar de ello rodéese de esperanza. Pídale a Dios que traiga personas a su vida que lo alienten a diario. En lugar de pasar el tiempo con personas que le recuerden sus problemas, encuentre algunas personas que le digan que usted puede tener la victoria y que Dios está de su lado. Es fácil excusar nuestra falta de esperanza diciendo: "Estoy alrededor de tantas personas negativas que me derriban. Mi trabajo es deprimente, y todos se quejan todo el día". Aquí es cuando usted tiene que pelear por la esperanza. Tome la responsabilidad de encontrar algunas personas que no sean negativas, y no preste oído a los chismes en la oficina. En lugar de comer en la mesa de los que se quejan, salga y dé un paseo. Si tiene una influencia negativa en su casa y es una que no puede evitar, por lo menos contrarreste esa influencia negativa con otras relaciones positivas que le den un descanso de la persona desesperanzada ocasionalmente.

> *No se sintonice con las voces negativas y en lugar de ello rodéese de esperanza.*

Haga de estudiar la Palabra de Dios una prioridad en su vida. La Palabra tiene poder en ella misma para levantar nuestra cabeza y darnos esperanza en cualquier situación. Otra cosa que puede hacer para rodearse de esperanza es escuchar música de adoración y buena enseñanza bíblica. Con la tecnología disponible hoy, hay más oportunidades que nunca de ver y escuchar mensajes que den vida y música alentadora. Ya sea un CD, un podcast, una aplicación en su teléfono, un video en internet—lo que sea conveniente para usted y su horario—hágase el tiempo de rodearse con la Palabra de Dios diariamente.

El enemigo puede rodearnos de personas que estén maquinando maldad y de circunstancias que sean dolorosas, pero la Palabra de Dios nos enseña que Él nos rodea con su presencia y muchas cosas buenas.

> *Tú eres mi refugio; tú me protegerás del peligro y me rodearás con cánticos de liberación.*
>
> Salmo 32:7

> *Como rodean las colinas a Jerusalén, así rodea el Señor a su pueblo, desde ahora y para siempre.*
>
> Salmo 125:2

¡Viva con esperanza!

Si usted ha estado rodeado de negatividad, duda, incertidumbre, preocupación o decepción en su vida, es tiempo de cambiar. No tiene que permitir que esas cosas sigan gobernando sobre su vida. Usted puede cambiar su ambiente; usted puede vivir en esperanza. Incluso antes de que tenga un cambio en su situación, usted puede tener un cambio en su alma. Usted puede escoger ser un cautivo de la esperanza y esperar que Dios le restaure una doble porción de cualquier cosa que haya perdido en la vida.

CAPÍTULO 12

SEA LA RESPUESTA DE LA ORACIÓN DE ALGUIEN

Cada uno debe velar no sólo por sus propios intereses sino también por los intereses de los demás.

Filipenses 2:4

No existen situaciones sin esperanza; solamente personas que han perdido la esperanza acerca de ellas.

—Clare Boothe Luce

Si usted quiere verdaderamente experimentar esperanza y felicidad en su vida, lo mejor que puede hacer es ayudar a alguien más. Sé que suena contradictorio, pero funciona. Quitar el enfoque de usted mismo y buscar maneras de bendecir a otros quita su mente de sus propios problemas, y a medida que da esperanza y los alienta a través de palabras o actos de servicio, usted recibe una cosecha de todo lo que da multiplicado muchas veces más.

Cuando un granjero planta un huerto pone pequeñas semillas en la tierra, y después de un tiempo regresa a todo un huerto de plantas que proveen alimentos para él y su familia. La promesa de Dios de que segaremos lo que sembramos todavía me sorprende. Si queremos algo, ¡todo lo que necesitamos hacer es comenzar a dar algo!

Gary Morsch, fundador de Heart to Heart International en Kansas City, es un médico que ha hecho mucho trabajo para proveer equipo y suministros médicos a los países pobres de todo el mundo. En su libro *The Power of Serving Others* [El poder de servir a otros], cuenta una historia de voluntariado en el Hogar para los Moribundos en Calcuta, India.

El Hogar para los Moribundos es un centro ministerial al que los enfermos eran llevados cuando era claro que iban a morir. Si no había quien cuidara de ellos y no tenían dinero para pagar asistencia, eran llevados a este hogar, donde la Madre Teresa y sus voluntarios los ayudaban. Allí se veían algunas de las peores enfermedades imaginables, y los más pobres de entre los pobres eran cuidados todos los días.

Conociendo la desesperada necesidad y armado con confianza y experiencia, Morsch fue muy entusiasta a su llegada. De manera optimista, pensó: *Voy a hacer que este lugar se quede sin clientela. Gracias a mi ayuda, le van a tener que cambiar el nombre.* Su corazón estaba en el lugar correcto y sus intenciones eran buenas, pero no estaba listo para lo que sucedió después.

Cuando él y su equipo de 90 voluntarios se presentaron para servir, la Hermana Priscilla, una monja de voz suave con un ligero acento británico, comenzó a asignar tareas. Morsch cuidadosamente colocó su estetoscopio alrededor de su cuello en un intento nada sutil de dejarle saber a la Hermana Priscilla que era médico. Con toda seguridad le daría una tarea importante acorde con sus habilidades y credenciales profesionales.

Después de enviar a todos los demás a servir en una variedad de trabajos, la Hermana Priscilla vio al último voluntario que quedaba de pie frente a ella: Gary Morsch. "Sígame, por favor", lo instruyó. Entraron al ala de los hombres, llena de catres con hombres enfermos y moribundos. *Bueno, creo que esta será mi tarea*, pensó Morsch, pero la Hermana Priscilla lo llevó a través de esa ala a la siguiente. Al entrar al ala de mujeres—llena de mujeres escuálidas en las últimas etapas de la vida—Morsch supuso: *La necesidad debe ser mayor aquí. Aquí es donde me pondrán a trabajar*, pero la Hermana Priscilla siguió caminando. Cuando entraron a la cocina donde se estaba preparando arroz sobre un fuego abierto, comenzó a preocuparse. *¿Por qué podrían querer que un doctor sirviera en la cocina?*, se preguntó, pero la Hermana Priscilla siguió rápidamente a través de la cocina también.

Salió de la cocina y guió a Morsch a un estrecho callejón a la intemperie, la Hermana Priscilla señaló un montón extremadamente grande de basura en putrefacción. El olor era suficiente para hacer que Morsch quisiera vomitar. "Necesitamos que lleve esta basura al basurero —le explicó—. El basurero se encuentra a varias cuadras hacia abajo y a la derecha. No puede perderse". Dicho eso, le dio al doctor dos cubos, una pala y una sonrisa de despedida y lo dejó para que hiciera su trabajo.

Morsch se quedó allí parado confundido y un poco ofendido. Se preguntó qué debería hacer. ¿Debería rehusarse a hacer la tarea? ¿Debería hablar con alguien más para que le dieran una nueva tarea? Después de un minuto o dos de considerarlo, decidió hacer lo único que podía hacer: ponerse a trabajar. Durante todo el día, el estimado doctor cargó cubos de basura putrefacta al basurero de la ciudad. Al final del día terminó como un desastre sudoroso y apestoso, pero trasladó el asqueroso montón por entero.

Molesto y enojado por los eventos del día, Morsch se dirigió de nuevo a través de la cocina, el ala de las mujeres y el ala de los hombres buscando recoger a su equipo y regresar a donde se estaban hospedando. Al caminar de regreso por esas habitaciones, no podía evitar sentir que sus servicios tendrían que haber sido puestos a un mejor uso. Incluso ayudar en la cocina podría haber sido mejor que acarrear basura. Y fue en ese momento cuando lo vio. Al estar esperando para despedirse con indiferencia de la Hermana Priscilla, Morsch notó un pequeño letrero escrito a mano que decía, en las palabras de la Madre Teresa: "No podemos hacer cosas grandes, solamente cosas pequeñas con gran amor".

Ese momento fue un punto decisivo para Gary Morsch. Dijo: "Mi corazón se derritió. No había entendido el punto por completo. Necesitaba esta lección. Servir a otros no se trata de lo mucho que sé, de cuántos títulos he obtenido o cuáles son mis credenciales. Se trata de actitud y disposición para hacer lo que sea necesario con amor".

Gary Morsch continuó hasta hacerse un querido amigo de

la Madre Teresa, y descubrió un propósito especial en la vida al ayudar a otras personas. Trajo a muchos grupos de regreso a Calcuta para ministrarles a los más pobres entre los pobres de la India, y cada vez encontró gran satisfacción al ver a su equipo de voluntarios impactado por la experiencia. Explicó: "Con frecuencia, los voluntarios vienen con este mismo tipo de certeza, llenos de sí mismos, como me pasó a mí. Pero cada uno de ellos es transformado en el acto de servir a los demás".[1]

Dé esperanza para recibir esperanza

Hechos 20:35 dice:

> ...Con mi ejemplo les he mostrado que es preciso trabajar duro para ayudar a los necesitados, recordando las palabras del Señor Jesús: "Hay más dicha en dar que en recibir".

Jesús dijo que la felicidad viene cuando ayuda a otros. Esto es lo opuesto de lo que suponemos que es cierto. Pensamos que si nos enfocamos en nosotros mismos, trabajando diligentemente para procurar la felicidad, entonces finalmente la encontraremos. Si ganamos dinero, coleccionamos suficientes posesiones, logramos suficientes metas, adelgazamos cierto número de libras o kilos, obtenemos cierta medida de reconocimiento, entonces, y solo entonces, seremos felices. Esto nos lleva a trabajar cada vez más duro para que un día logremos la felicidad.

Puedo decirle que hay muchas personas cansadas allá afuera. La búsqueda de la felicidad puede ser una aventura agotadora. Lo sé, porque lo viví durante mucho tiempo. Durante muchos años de mi vida, fui una cristiana miserable. Amaba a Dios, pero pocas veces estaba feliz. No me tomaba mucho tiempo molestarme y arruinar mi día. Si el coche comenzaba a hacer un ruido raro, si Dave se iba a jugar golf en lugar de pasar la mañana del sábado conmigo, si uno de mis hijos discutía conmigo, si no terminaba las cosas de mi lista de pendientes; si cualquiera de estas cosas sucedía, renunciaba a toda esperanza de tener un buen día. Y entre más duro trabajaba, tratando de lograr la felicidad, más elusiva parecía ser.

Pero Dios me enseñó mucho durante esos días acerca de cómo disfrutar mi vida. Entre más estudiaba la Palabra, más veía que los pensamientos que estaba pensando, las palabras que estaba hablando y las actitudes que estaba abrazando tenían un impacto significativo en la vida que estaba viviendo. Aprendí que no tenía que ser controlada por mis sentimientos y mis emociones. Con la ayuda de Dios podía vivir más allá de ellas y disfrutar la vida por la que Cristo murió para darme.

He pasado muchos años escribiendo y enseñando principios de la Palabra de Dios sobre cada uno de esos temas, pero una de las cosas más simples y más poderosas que Dios me mostró es esta: Si queremos tener esperanza y felicidad, necesitamos *dar* esperanza y felicidad. Cuando usted quita sus ojos de sus problemas y busca ayudar a otros con sus problemas, es sorprendente lo que Dios va a hacer.

Cada vez que yo ponía mis frustraciones y necesidades a un lado y me concentraba en ayudar a alguien a mi alrededor, toda mi actitud cambiaba. En lugar de orar: "Dios, necesito esto…", o: "Señor, ¿por qué no tengo eso?", yo comenzaba a orar: "Dios, ¿cómo puedo ayudar a alguien hoy?", y: "Señor, dame la oportunidad de suplir una necesidad". Descubrí que hay un gozo inefable en ser usada por Dios para responder la oración de alguien más.

Probablemente ha notado lo mismo en su vida. Verdaderamente hay más dicha en dar que en recibir. Nunca va a ganar lo suficiente, cobrar lo suficiente o lograr lo suficiente para llenar el hueco de felicidad. La vanidad jamás se satisface. Pero en el momento en que deja de ver hacia adentro y comienza a ver hacia afuera, usted descubre una esperanza y una felicidad

> *Pero en el momento en que deja de ver hacia adentro y comienza a ver hacia afuera, usted descubre una esperanza y una felicidad que jamás supo que existía.*

que jamás supo que existía. Como Gary Morsch y sus equipos de voluntarios, será "transformado en el acto de servir a otros".

Le pido a Dios diariamente que me muestre a alguien al que pueda ayudar. Algunas veces lo que Él me guía a hacer es algo grande, pero muchas veces es algo pequeño. Algunas veces parece casi imperceptible. Hoy vino un hombre a arreglar mi retrete, y cuando terminó me preguntó si podía hablar conmigo un momento. Una vez que le dije que sí, prosiguió a contarme que tenía una esposa y cinco hijos y quería saber cuál de mis libros podría ser bueno para que él le se lo obsequiara a su esposa el Día de las Madres. Hablé con él un poco acerca de su familia y luego lo llevé a mis libreros personales y le dejé escoger dos de mis libros como un regalo a su esposa. Solamente tomó unos minutos y no me costó nada a mí, pero significó mucho para él. De algún modo, creo que seré más feliz hoy gracias a ese pequeño acto de amabilidad. Lamento que me tomara tanto tiempo aprender este principio sorprendente, pero estoy agradecida de conocerlo ahora. ¡Podemos luchar en contra de la desesperanza todos los días de nuestra vida mediante acciones aleatorias de amabilidad!

Incluso los más grandes sirven

Durante la Guerra de Independencia de los Estados Unidos, un hombre vestido de ropa de civil pasó cabalgando junto a un grupo de soldados que estaban reparando una pequeña barrera defensiva. Su líder estaba gritando instrucciones, sin hacer esfuerzo alguno por ayudarlos. Cuando el jinete le preguntó: "¿Por qué?", el líder respondió con gran dignidad: "Señor, ¡soy un cabo!".

El extraño se disculpó, desmontó y procedió a ayudar a los exhaustos soldados. Una vez terminado el trabajo, se dirigió al cabo y le dijo: "Sr. Cabo, la próxima vez que tenga un trabajo como este, y no tenga los suficientes hombres para hacerlo, acuda a su comandante en jefe, y yo vendré a ayudarlo de nuevo". El extraño no era nadie más que George Washington.[2]

Sin importar lo importante que usted se vuelva, jamás se permita a sí mismo creer que usted es demasiado importante para ayudar a alguien más. Quizá trabajó durante mucho tiempo, o quizá logró mucho en su vida personal y profe-

> *Sin importar lo importante que usted se vuelva, jamás se permita a sí mismo creer que usted es demasiado importante para ayudar a alguien más.*

sional, y probablemente tenga muchos títulos respetables antes de su nombre o iniciales impresionantes después de él, pero usted jamás es demasiado importante como para humillarse y ayudar a los demás. Jesús descendió de un lugar alto y sublime y se rebajó (Filipenses 2:7). En la Escritura se nos enseña que permitamos que Él sea nuestro ejemplo en humildad (Filipenses 2:5).

Tuve el privilegio de ser presidenta de un ministerio mundial. A lo largo del curso de cualquier día dado, había muchas decisiones que tenía que tomar y muchos lugares donde tenía que estar. Estoy agradecida por las oportunidades que Dios me ha dado, pero algunos de los momentos más gozosos de mi vida los he pasado en una reunión en una sala de reuniones o predicando en una plataforma. Tanto como disfruto esas cosas, algunos de los otros momentos más gozosos y satisfactorios de mi vida son cuando puedo servir a personas a través de nuestros esfuerzos de alcance de Hand of Hope [Mano de Esperanza]. Cada vez que puedo estar con nuestros voluntarios y pasar un poco de tiempo bendiciendo a otros—repartiendo comida a los hambrientos, proveyendo pozos de agua limpia a los sedientos, dándoles útiles escolares a los pobres—me recuerda por qué hacemos lo que hacemos. Al alcanzar a otros con una mano de esperanza recibo esperanza fresca y felicidad yo misma. Muchas veces he regresado del campo misionero de un país del tercer mundo exhausta, pero jamás he vuelto de un viaje lamentando la oportunidad que tuve de servir.

Iniciamos el brazo misionero de nuestro ministerio hace casi 20 años, y sentí que deberíamos llamarlo Hand of Hope porque nuestra meta era alcanzar a las personas sin esperanza con esperanza. ¡Creo que podría ser seguro decir que sería imposible que los individuos se sintieran desesperanzados ellos mismos si regularmente le dieran esperanza a los demás!

Jesús es el Hijo de Dios que vino a quitar los pecados del mundo, pero incluso Él se tomó tiempo para servir. En Marcos 10:45 Jesús dijo: "Porque ni aun el Hijo del hombre vino para que le sirvan, sino para servir y para dar su vida en rescate por muchos". Una y otra vez en los Evangelios vemos a Jesús ayudando a los demás: alimentando a las multitudes, sanando a los enfermos, pasando tiempo con los niños e incluso lavando los pies de los discípulos. Jesús seguramente encontró un gozo tremendo en servir a los demás, porque lo hacía todo el tiempo. Nos dejó este ejemplo para que pudiéramos seguir sus pisadas.

> *Jesús seguramente encontró un gozo tremendo en servir a los demás, porque lo hacía todo el tiempo.*

Qué gran ejemplo a seguir. No se vuelva tan importante o demasiado ocupado como para no darle esperanza a alguien en necesidad. Tome tiempo cada día para buscar a una persona que pueda bendecir. Quizá simplemente sea un gesto de amabilidad, o podría ser un acto de generosidad significativo, sin importar lo que haga para ayudar a una persona en necesidad lo animo a hacerlo. No solo esa persona va a ser bendecida por su acto de servicio, usted también va a ser bendecido.

La mejor manera de decirle a la gente acerca de Jesús es mostrarle a Jesús

Romanos 2:4 enseña que es la bondad de Dios lo que guía al hombre al arrepentimiento. Se sorprendería de cuántos de sus amigos, vecinos y compañeros de trabajo querrían recibir a Jesús si solamente usted fuera bueno con ellos. Algunas veces necesitamos dejar de predicarle a todo el mundo y simplemente comenzar a ser amables con las personas en nuestra vida; tener un interés genuino en ellos y bendecirlos, orar por ellos y pedirle a Dios que nos haga conscientes de cómo los podemos servir. En otras palabras, ¡deberíamos "mostrarle" a la gente el amor de Jesús!

Santiago 2:15-16 dice:

> *Supongamos que un hermano o una hermana no tienen con qué vestirse y carecen del alimento diario, y uno de ustedes les dice: "Que les vaya bien; abríguense y coman hasta saciarse", pero no les da lo necesario para el cuerpo. ¿De qué servirá eso?*

No seamos como las personas que dicen: *"Que les vaya bien; abríguense y coman hasta saciarse"*. Si alguien tiene una necesidad, y si usted puede satisfacer esa necesidad, entonces hágalo. Con demasiada frecuencia hacemos a un lado una necesidad mediante decir: "Voy a orar por usted", sin siquiera pedirle a Dios que nos muestra qué podemos hacer para ayudar. He aprendido que no necesito orar y pedirle a Dios que supla una necesidad que fácilmente podría suplir yo misma, pero que probablemente no quiero hacerlo. Si le va a pedir a Dios que ayude a alguien, esté listo para que Él lo envíe a usted a hacerlo.

Una persona dijo que fue como parte de un grupo a Rusia para repartir Biblias durante un tiempo particularmente duro cuando mucha gente se estaba muriendo de hambre. El equipo llevó sus Biblias a una cocina improvisada donde la gente estaba formada esperando para obtener un pequeño pedazo de pan y un tazón de sopa. Cuando un hombre trató de entregarle una Biblia a una mujer, ella se enojó y dijo: "Su Biblia no llena mi estómago vacío". Era como si resintiera a los cristianos por hablarle acerca de un Dios bueno sin ofrecerle al mismo tiempo ayuda tangible y práctica. Esos creyentes que

> *Si le va a pedir a Dios que ayude a alguien, esté listo para que Él lo envíe a usted a hacerlo.*

estaban entregando Biblias nunca lo olvidaron. Creo que algunas personas están sufriendo tanto que ni siquiera van a poder escuchar el evangelio si no hacemos algo para aliviar su dolor primero.

Ahora, por supuesto que no estoy diciendo que no deberíamos darle Biblias a la gente, pero estoy diciendo que además de darles la Palabra, necesitamos suplir sus necesidades. Eso fue lo que hizo Jesús. Jesús le dio a la gente la Palabra y suplió sus necesidades. Los alimentó; los sanó; los enseñó y los escuchó. Hizo más que hablar acerca de la bondad del Padre; Él *demostró* esa bondad en maneras reales.

Si hubiera una persona en su vida hoy que necesitara conocer a Jesús, déjeme sugerirle que intente un nuevo método de compartir el Evangelio. En lugar de solamente decirles acerca de la esperanza que se encuentra en Cristo, deles esa esperanza. Averigüe que necesidades tienen y pídale a Dios que lo ayude a suplir esas necesidades. Probablemente necesitan abarrotes, gasolina para su coche o dinero para ir al doctor. Quizá necesiten una niñera para que puedan tener una noche para relajarse. Es posible que solamente necesiten a alguien que los escuche. Lo que sea que tenga que hacer para mostrarles el amor de Jesús, hágalo. Cuando ayude a la gente con sus necesidades físicas, se sorprenderá de lo rápidamente que se abren con respecto a sus necesidades espirituales.

> *Cuando ayude a la gente con sus necesidades físicas, se sorprenderá de lo rápidamente que se abren con respecto a sus necesidades espirituales.*

¡Viva con esperanza!

Es importante recordar que la vida no se trata solamente de nosotros mismos. Es probable que estemos pasando por una dificultad personal en nuestra vida, y cuando esté sucediendo, es fácil enfocarse por completo en pedirle a Dios que *nos* ayude, para satisfacer *nuestras* necesidades, para proveer las cosas que *nosotros* sentimos que *nos* faltan. Pero en medio de tratar con los asuntos que lo afectan directamente, no se olvide de las personas a su alrededor. Adondequiera que mire, hay amigos, parientes, compañeros de trabajo, vecinos y extraños que tienen una necesidad; una necesidad que quizá usted pueda suplir.

La mejor manera de recibir esperanza es darla. En la economía de Dios, los últimos son los primeros (vea Mateo 20:16), los más pequeños son los mayores (vea Lucas 9:48), los débiles son fuertes (vea Joel 3:10), y cuando da recibe (vea Lucas 6:38). Así que siga adelante y viva con esperanza. Usted puede descubrir una manera completamente nueva de disfrutar la vida simplemente mediante ayudar a los demás a disfrutar la suya. Mire a su alrededor y vea a quién puede ayudar; le prometo que no tendrá que buscar mucho. Alguien que usted conoce está orando y pidiéndole ayuda a Dios justo ahora. ¡Probablemente usted sea la respuesta a esa oración!

CAPÍTULO 13

La esperanza es su ancla

Tenemos como firme y segura ancla del alma una esperanza...

Hebreos 6:19

Es tonto no tener esperanza.

—Ernest Hemingway, *El viejo y la mar*

Creo que Dios quiere que seamos estables y que disfrutemos la vida sin importar lo que esté sucediendo a nuestro alrededor. Quiere que estemos sólidamente anclados en Él y que seamos esperanzados en todo tiempo. Creo que uno de los mejores testimonios que tenemos como creyentes es nuestro gozo. ¡Tenemos mucho que celebrar! Hemos sido perdonados, sanados y liberados. Y Jesús no solamente murió para hacer un camino para que pasáramos la eternidad en el Cielo, sino que promete que podemos disfrutar cada día de nuestra vida aquí en la Tierra. ¡Los cristianos deberían ser las personas más felices del planeta!

> ¡Los cristianos deberían ser las personas más felices del planeta!

Aunque somos hijos de Dios, tenemos pruebas y tribulaciones, y con frecuencia dejamos que dicten nuestros pensamientos, estados de ánimo y actitudes. Les dejamos que roben nuestra sonrisa, y eso es trágico porque creo que el gozo del Señor en nuestro rostro ¡es un gran anuncio para Jesús! ¿Cómo es que permitimos que cualquier dificultad nos haga infelices durante mucho tiempo cuando tenemos la promesa de que Dios dispone todas las cosas para bien a aquellos que lo aman y que buscan su propósito para su vida?

134

El gozo y la felicidad no son lujos o simples opciones; son aspectos esenciales de nuestra vida en Cristo. Nehemías 8:10 dice: "...No estén tristes, pues el gozo del Señor es nuestra fortaleza...", y Romanos 14:17 dice que el reino de Dios se trata de "justicia, paz y alegría en el Espíritu Santo". La alegría es vitalmente importante si va a vivir una vida victoriosa y vencedora.

Esperanza: La cura natural para la infelicidad

La alegría y la esperanza van de la mano. Cuando usted comienza a verdaderamente vivir en esperanza—creyendo y confiando en que Dios hará cosas sorprendentes en su vida—la alegría entra a raudales. Usted no podría estar deprimido o desanimado incluso si así lo quisiera. La esperanza es la cura natural para la infelicidad.

¿Por qué no experimentar para ver si mi creencia en este aspecto es correcta y que le puede funcionar? La próxima

> *La esperanza es la cura natural para la infelicidad.*

vez que usted esté experimentando un día triste y depresivo tómese el tiempo de pensar: *Dios está disponiendo de mis problemas para mi bien y estoy esperando que me suceda algo bueno.* Ahora trate de decir lo mismo en voz alta, y repita este proceso a lo largo del día. Es posible que no sea como se sienta, ¡pero es la verdad! La verdad de Dios tiene el poder de vencer nuestros sentimientos si le damos la oportunidad de hacerlo.

Cuando tenemos esperanza en la bondad de Dios, estabiliza nuestras emociones y pensamientos desesperados. Nos calma y nos alienta. Nuestra alma (mente, voluntad y emociones) encuentra su lugar de paz en la promesa de Dios. Si la gente no tiene esperanza es imposible para ellos permanecer estables en las tormentas de la vida. No tienen nada para anclarlos a ningún cimiento que no sea tambaleante. Si no tenemos esperanza en Dios, ¿qué existe en el mundo que podamos confiar como un lugar permanente de seguridad? La respuesta honesta tiene que ser: "¡No hay nada!".

En lugar de meramente "tratar" de sentirse mejor o pensar

que usted no se puede sentir mejor hasta que las circunstancias cambien, dele a la Palabra de Dios una oportunidad de obrar en su vida.

La vida puede ser muy divertida. Me hice a la idea hace muchos años de que iba a disfrutar mi vida porque jamás lo hice antes. Incluso en el ministerio, principalmente trabajé y trabajé y me esforcé y luché, sintiéndome culpable casi todos los días porque me enfocaba en mis errores y simplemente en general me sentía miserable. Finalmente me di cuenta de que Jesús realmente quería que tuviera alegría y que disfrutara mi vida (vea Juan 10:10). Como cualquier otra cosa en el Reino de Dios, la alegría está disponible, pero permanecer en ella requiere determinación. El enemigo hará su mejor esfuerzo por evitar que disfrute su vida. A través de sus mentiras y engaño él tratará de asegurarse de que usted no tenga paz, de que viva bajo la carga de la condenación, y de que no crea que Dios lo ama. En cualquier momento en el que se sienta desesperanzado o sin alegría, dese cuenta de inmediato de que lo que está sintiendo es el diablo obrando, y que ¡usted lo debe resistir!

Usted puede ser feliz porque su esperanza y su alegría están basadas en la bondad de Dios en su vida, no en las circunstancias del mundo.

Usted puede decidir disfrutar su vida; cada aspecto de ella. Incluso en medio de circunstancias adversas o de la crítica de sus seres queridos. Usted puede ser feliz porque su esperanza y su alegría están basadas en la bondad de Dios en su vida, no en las circunstancias del mundo. Cuando vivimos con esperanza y expectativa de que algo está a punto de suceder, la alegría se vuelve nuestra actitud normal.

La verdad es que sus circunstancias probablemente nunca cambiarán hasta que su alegría ya no esté basada en que cambien. Estemos felices por la esperanza que tenemos en Jesús más que estar infelices porque tengamos circunstancias que no nos gusten.

Las condiciones en el mundo están siempre cambiando. Es fácil ver por qué la gente es tan estable; porque todo a su alrededor de ellos es inestable. Las cosas son buenas un día, pero no tan buenas el siguiente. La gente podría quererlo un día, pero no quererlo al siguiente. Usted tiene un trabajo un día, pero posiblemente no el siguiente. Usted tiene suficiente dinero un día, y luego un gasto inesperado lo deja en necesidad. Sus hijos se comportan bien un día, pero se les olvida todo lo que alguna vez les enseñó al siguiente. Si somos guiados por cómo nos sentimos o por cómo se ven las cosas, seremos emocionales e inestables. El apóstol Santiago dijo que a menudo somos echados de una parte a otra por el viento (Santiago 1:6). El apóstol Pablo dijo que somos como barcos llevados a la deriva arrastrados por los cambios (Efesios 4:14, PDT). Pero podemos ser estables e inamovibles por la adversidad o la decepción si tenemos la esperanza como el ancla de nuestra alma.

En una tormenta, una de las primeras cosas que hace un barco es echar anclas. El barco está vinculado a algo que no se está moviendo. Todo alrededor de los marineros se está moviendo, pero ellos no. Están anclados al fondo del océano. Nuestra esperanza en Dios puede servirnos de la misma manera. Todo alrededor de nosotros se está moviendo, pero permanecemos estables en Él.

Que su esperanza se remonte

Queremos que nuestra esperanza en Dios sea el ancla de nuestra alma, en lugar de permitir que las preocupaciones y ansiedades del mundo nos agobien. La esperanza en Dios es una alegría sin restricciones; no es arrastrada hacia abajo por las preocupaciones y las cargas del mundo. Piense en un globo de aire caliente. Todo el tiempo que el globo sea mantenido abajo con pesas y atado con cuerdas, no puede remontarse como fue creado. Lo mismo es cierto para su vida. Si usted permite que el peso de la preocupación lo detenga y que las cuerdas de la ansiedad lo aten, no podrá experimentar la vida que Dios creó para usted. Quiero alentarlo a deshacerse del bagaje que trata de agobiarlo; estando anclado en esperanza es muy diferente a ser arrastrado por la preocupación.

Estas son algunas cosas que tratan de agobiarlo.

La necesidad de ser como otras personas

Fue una lección bastante liberadora para mí cuando aprendí que no tenía que ser como otras personas. Nuestra esperanza de aceptación no puede estar en tratar de ser alguien que no somos. Dios no me creó para ser como ellos. ¡Dios me creó para ser yo!

Pero antes de darme cuenta de eso, pasé años tratando de encajar en el molde de alguien más. Traté de ser de trato fácil como Dave, pero eso no duró mucho tiempo. Traté de ser callada y de voz suave como la esposa del pastor de mi iglesia, y eso fue un desastre. Estaba tan frustrada de tratar de ser otras personas. Pero no se suponía que yo fuera la copia de alguien más...y tampoco usted.

Dios lo creó para ser usted. Y estar contento y cómodo con quien el Señor lo creó es esencial si usted va a disfrutar su vida. Tratar de ser como su vecino, o como su compañero de trabajo, o como la chica que canta en la plataforma de la iglesia o como un actor de Hollywood, lo que va a hacer es robarle su gozo. No se compare con alguien más; disfrútese como Dios lo creó.

> Nadie en el mundo es exactamente como usted; usted es una obra maestra única.

Se dé cuenta o no, usted tiene dones y talentos únicos. La Biblia dice de usted: "Soy una creación admirable" (Salmo 139:14). Dios lo hizo como Él quería que usted fuera. Nadie en el mundo es exactamente como usted; usted es una obra maestra única.

Cada vez que se sienta tentado a pensar: *Hombre, desearía ser más como esa persona* o: *Si solamente tuviera el talento de esa persona*, simplemente dese cuenta de que probablemente ellos están diciendo lo mismo acerca de alguien más; incluso quizá de usted. Todos enfrentamos esos sentimientos, pero usted no tiene que

Una tarde estaba desesperadamente buscando cualquier cosa que pudiera evitar que me hundiera en el desaliento que estaba sintiendo. Recurrí a una pila de versículos bíblicos que estaban guardados en una caja en mi cocina y saqué este de Romanos 15:13:

> *Que el Dios de la esperanza los llene de toda alegría y paz a ustedes que creen en él, para que rebosen de esperanza por el poder del Espíritu Santo.*

Rápidamente me di cuenta de que Dios me estaba mostrando que había perdido mi alegría porque me había puesto negativa y había dejado de estar esperanzada. ¡Siempre crea en Dios y en sus promesas! No importa lo que esté sucediendo, lo mucho que duela o cuánto dure, ¡siempre crea! ¡Si lo hace estará burbujeando de esperanza! Esa esperanza será un ancla para su alma. En lugar de ser un cristiano bebé llevado dondequiera por cada cambio, usted será un creyente maduro que puede contar con representar bien al Señor en todo tiempo.

¡Viva con esperanza!

La esperanza y la felicidad no son cosas pensadas solamente para otras personas; son cosas que Dios quiere que usted experimente en su vida también. No permita que el enemigo le robe la alegría. Como hijo de Dios, se le ha dado abundancia de bendiciones. Tome tiempo cada día para darse cuenta de lo bendecido que es y permita que ese entendimiento le traiga alegría.

Van a haber cosas en la vida que tratarán de agobiarlo, de evitar que experimente todo lo que Dios tiene para usted. Pero usted no tiene que aferrarse de esos pesos o cargas por más de un día. Usted puede echar cada ansiedad sobre el Señor y recibir su alegría a cambio. Así que siga adelante y viva con esperanza. Permita que la esperanza sea el ancla de su alma. Es un ancla firme y segura, y no se puede deshacer sin importar quien se pare en ella (Hebreos 6:19). ¡Impresionante! Qué promesa.

LA ESPERANZA ESTÁ AQUÍ

• • • •

Tú, Soberano Señor, has sido mi esperanza; en ti he confiado desde mi juventud.

Salmo 71:5

"Ahora" es una de las palabras más importantes de la Biblia. Jesús dijo: "Yo soy", y Él quería decir aquí estoy aquí ahora. ¡No tienen que buscarme en otro momento! ¡Estoy aquí! ¡La esperanza está aquí!

Lo que el mundo llama esperanza no es verdadera esperanza para nada. Es débil y vaga, y de hecho carece de poder. Siempre relega cualquier cosa buena que pudiera suceder a algún tiempo en el futuro. Nada es definitivo. Nada está claro. ¡Nada es ahora!

Como hijos de Dios, hemos tenido el privilegio de creer que Dios está obrando *en este momento*, y que algo bueno está sucediendo en el plano espiritual, y que lo vamos a ver manifestado muy pronto. En la economía de Dios, debemos creer primero y luego ver. El tipo de esperanza del mundo más o menos "desea" que las cosas cambien para mejor, pero no hay una esperanza real, no hay una fe real de que sucederá hasta que ven algo que lo pruebe.

Recordemos que Abraham no tenía una razón visible para tener esperanza, pero él esperaba en fe que podría tener un hijo como Dios había prometido. Él estaba "esperando" que lo bueno que Dios había prometido, sucediera. Su expectativa era real, y era *ahora*.

En esta sección del libro quiero ayudarlo a vivir en el ahora, no en el pasado o en el futuro. Quiero que crea que en este momento, Dios está trabajando en usted y en su vida.

Ahora bien, la fe es la garantía de lo que se espera, la certeza de lo que no se ve.

Hebreos 11:1

CAPÍTULO 14

NO ESPERE PARA MAÑANA

Les digo que éste es el momento propicio de Dios; ¡hoy es el día de salvación!

2 Corintios 6:2

El ayer es historia, el mañana es un misterio, el hoy es un regalo de Dios, que es la razón por la que lo llamamos presente.

—Bil Keane

El autor Leo Buscaglia en cierta ocasión contó una historia acerca de su madre y de lo que él llamaba la "cena de miseria" de su familia. Era la noche después de que su padre vino a casa y dijo que al parecer se habían quedado en bancarrota porque su socio huyó con los fondos de la empresa. La madre de Buscaglia salió y vendió algunas joyas para comprar alimentos para un festín suntuoso. Otros miembros de la familia la reprendieron por vender las joyas y por gastar tanto dinero. Pero ella les dijo: "El tiempo para la alegría es ahora, cuando lo necesitamos más, no la próxima semana".[1]

Aplaudo la acción valiente y la sabiduría de esta madre. La

> *La esperanza y la alegría son dos cosas que no deberían posponerse.*

esperanza y la alegría son dos cosas que no deberían posponerse. Muchas personas pasan la vida esperando por "mañana". Dicen: "Bueno, probablemente mañana las cosas mejorarán", o: "Creo que siempre habrá un mañana", o: "Puedo arreglármelas este día y llegar a mañana". Mientras están posponiendo la esperanza para mañana, no están experimentando la alegría de hoy, y esa no

145

es la vida por la que Jesús murió para darnos. Jesús quiere que disfrutemos nuestra vida hoy y todos los días.

Paz, alegría, felicidad, confianza, valentía, salud, dominio propio, favor, bendiciones, un matrimonio fuerte: todas estas son las cosas que Dios quiere que usted comience a experimentar hoy. Cada vez que piense: *Bueno, creo que hoy va a ser un desperdicio total; probablemente mañana va a ser mejor,* se está perdiendo del mejor plan de Dios para su vida. Si Dios está con usted hoy—y lo está; Él siempre está con usted—, no tiene que esperar un tiempo en el futuro para comenzar a regocijarse. Usted puede experimentar su vida vencedora, abundante y llena de alegría hoy. El apóstol Pablo dijo que como se acaba de decir, si escuchamos HOY su voz de Dios no endurezcamos el corazón en contra de sus promesas (Hebreos 3:15). ¡Dios está trabajando en su vida *hoy*, y Él quiere que usted lo crea *hoy* y que se regocije *hoy*!

Salmo 118:24 dice: "**Éste** es el día en que el Señor actuó; regocijémonos y alegrémonos en él" (énfasis añadido). Dios hizo este día por una razón. Hay algo especial que Él quiere hacer. ¿Está listo para recibirlo? La gente esperanzada hace exactamente lo que dice este versículo: Se regocijan y se alegran. No importa cuál sea el clima afuera, cómo se sientan o lo que los demás estén diciendo, cuántas probabilidades estén acumuladas en su contra o lo que esté sucediendo en las noticias; la gente que vive con esperanza dice: "El Señor creó este día por una razón, voy a regocijarme y a alegrarme. ¡Voy a tener una expectativa feliz de que Él va a hacer algo bueno en mi vida hoy!".

Permítame compartirle una historia acerca de mí misma: En 1976 había llegado a una situación de desaliento por la condición de mi vida. Pensaba que nada bueno me sucedería alguna vez. Aunque era cristiana, no estaba experimentando victoria en mi vida. Al estar conduciendo al trabajo una mañana de febrero de ese año, clamé a Dios en desesperación y creo que por primera vez en mi caminar cristiano experimenté lo que es la verdadera fe. Dios puso la seguridad en mi corazón de que Él está cuidando de mi situación. Aunque nada cambió de inmediato en mi circunstancia, después de eso tuve una paz total. Estaba llena de una anticipación feliz de que algo bueno iba a suceder ese día. ¡Tenía verdadera esperanza! No me importaba lo que Dios iba a hacer, o incluso cuando lo haría, porque en mi corazón yo sabía que ya estaba hecho. Puedo decir honestamente que desde ese momento en adelante, las cosas comenzaron a cambiar en mi vida. No fueron perfectas de ninguna manera, pero poco a poco, día tras día, cosas buenas sucedían.

Sé que es probable que esta pregunta esté en su mente: "¿Joyce, y si creo que algo bueno va a suceder hoy y no pasa"?. Primero que nada, déjeme decir que creo firmemente que sucede algo bueno cada día, pero que es posible que no lo veamos. Segundo, lo bueno que sucede quizá no sea exactamente lo que estábamos esperando, pero nos hizo tener un mejor día que si no lo hubiéramos tenido, y eso por sí solo es algo bueno. Y por último, diré que usted debería levantarse de nuevo mañana con esperanza, creyendo que algo bueno le va a suceder ese día. No importa cuantos días lo tenga que hacer, siga haciéndolo, ¡y usted verá que Dios es fiel!

La clave es la consistencia

La falta de consistencia es uno de nuestros mayores fracasos. Una de las razones por las que muchas personas parecen experimentar una gran victoria unos días pero una derrota aplastante los demás días es a causa de sus propias inconsistencias diarias. Se sorprendería de la diferencia que puede hacer en su vida si toma la decisión de ser consistente cada día. No es lo que hacemos bien en una ocasión lo que cambia nuestra vida, sino ¡lo que hacemos bien consistentemente! Si usted es esperanzado un día y no el siguiente, no le van a gustar los resultados. Si usted cree que lo que le estoy enseñando acerca de la esperanza es verdad y usted decide vivir lleno de ella, entonces tome la decisión de hacerlo consistentemente. ¡Hacemos lo correcto porque es correcto! ¡Estamos comprometidos!

Deje ir el globo

En cierta ocasión escuché que se estaba llevando a cabo un congreso en el auditorio de una iglesia. A la gente se le estaban dando globos llenos de helio y se les pedía que los soltaran en algún punto en el servicio cuando tuvieran ganas de expresar la alegría de su corazón. A lo largo del servicio los globos ascendieron al alto cielo raso en forma de bóveda en diferentes momentos, pero cuando el servicio terminó, un tercio de los globos faltaba de ser liberado.

¿No es eso sorprendente? Un tercio de las personas de esa multitud esperaron tanto que se perdieron la oportunidad de unirse a la celebración y dejar ir su globo. Como hijos de Dios que tenemos la oportunidad de vivir llenos de esperanza y alegría, no tenemos que esperar por un tiempo en el futuro para disfrutar la vida que Dios nos ha dado; la podemos disfrutar en este momento.

Demasiadas personas tienen la mentalidad de que serán realmente felices y que disfrutarán la vida *cuando*. *Cuando* salgan de vacaciones, *cuando* se casen, *cuando* suban más alto en la escalera del éxito en el trabajo, *cuando* tengan un bebé, *cuando* ganen más dinero, *cuando* los niños crezcan, *cuando* su cónyuge los trate mejor; ya entiende.

Yo me puedo identificar con esto porque hubo un tiempo en el que a pesar de que realmente me encantaba estar en el ministerio, no siempre estaba disfrutando las responsabilidades diarias y las actividades que venían con él. Tenía que aprender a vivir en el momento y a disfrutar lo que Dios estaba haciendo en mí y a través de mí *ahora*, y no *cuando* el congreso terminara, o *cuando* finalizara el proyecto, o *cuando* pudiera salir de vacaciones. Dios me mostró la importancia de abrazar y disfrutar lo que Él estaba haciendo en el presente.

Lo mismo es cierto para usted. Siempre habrá un *cuando* en su vida. Probablemente los niños lo estén volviendo loco hoy, su jefe quizá esté de mal humor hoy, posiblemente su cuerpo le duela hoy, sus emociones podrían estar desajustadas hoy, pero nada de eso cambia el hecho de que Dios está con usted en este mismo momento y que Él tiene un buen plan para su vida…y que hoy es parte de ese plan.

Cómo sacarle todo el jugo al hoy

Salmo 71:14 dice: "Pero yo siempre tendré esperanza, y más y más te alabaré". La palabra clave en este versículo acerca de la esperanza es "siempre". Una persona esperanzada no espera *ocasionalmente* o *esporádicamente*. Y una persona esperanzada ciertamente no espera hasta mañana para recibir algo bueno de Dios. Una persona esperanzada es esperanzada *siempre*; decide tener esperanza todos los días…a lo largo de todo el día.

> Una persona esperanzada es esperanzada siempre; decide tener esperanza todos los días…a lo largo de todo el día.

Permítame sugerirle algunas maneras en las que puede vivir siempre con esperanza, haciendo de cada día uno lleno de la feliz expectativa de bien.

Haga una oración valiente cada día

Si usted tiene esperanza, nunca tiene miedo de creer en grande. De hecho, me gusta decir que la esperanza es la plataforma sobre la que se para la fe. Por eso es una buena idea acudir a Dios con una oración valiente hoy. No puede vivir con una expectativa hoy si no ha tenido siquiera la fe de hacer la solicitud.

Aquello que esté en su corazón, si se alinea con la Palabra de Dios, atrévase a pedirlo con confianza y luego espere con expectación. Dios ama las oraciones atrevidas. En la Biblia las responde una y otra vez, y todavía las responde hoy. Ejercite la esperanza, permanezca en fe y pídale algo atrevido, ¡y hágalo AHORA!

Haga algo divertido cada día

Algunas veces perdemos la esperanza simplemente porque perdemos nuestra alegría. En lugar de disfrutar la vida todos los días, nos agotamos por las cuentas y nos desalentamos por los dilemas. ¿Por qué no decidir hacer algo divertido cada día? No tiene que ser un viaje diario a Disney World. Podría ser tan sencillo como tomar café con un amigo, ver una película con su familia o caminar en el parque; lo que sea que traiga una sonrisa a su rostro.

Si usted desea estar siempre lleno de esperanza planee cosas divertidas que generen un sentido de expectación. La esperanza y la alegría van juntas, así que planee algo divertido y pase su día disfrutando la presencia de Dios y cada bendición que Él le da.

Todos necesitamos diversión y cosas agradables por las cuales esperar con interés. Hoy voy a escribir durante varias horas. También tengo planeado tomar café con algunas amigas más tarde, salir de compras e ir a cenar esta noche. Cuando planeo mi día siempre incluyo algo que puedo esperar con expectativa. No espere hasta que se retire para pensar en disfrutar la vida. ¡Disfrute la vida AHORA!

Bendiga por lo menos a una persona cada día

Me encanta ver a mi alrededor y encontrar personas que pueda bendecir. ¡Es una gran bendición bendecir a otros! Si usted realmente quiere disfrutar su día, le sugiero que ayude a alguien más a disfrutar el suyo. Probablemente le pueda comprar la comida a alguien más, darle un cumplido alentador o decirle a alguien que es importante para usted y que lo aprecia.

Pídale a Dios que le muestre cómo puede ser una bendición y luego siga su instrucción. A medida que busque suplir las necesidades de otros, se sorprenderá de lo fácil que se vuelve tener esperanza y creer que Dios va a suplir sus necesidades también. No retrase ser una bendición. ¡Hágalo hoy! ¡Sea una bendición AHORA!

Escriba por lo menos una manera cada día en la que Dios lo haya bendecido

La esperanza florece en una atmósfera de agradecimiento. Si usted quiere vivir con esperanza de una manera continua, pase cada día buscando maneras en las que el Señor lo ha bendecido. Se va a sorprender de la cantidad de cosas que va a encontrar. Entre más se dé cuenta de cómo Dios lo está bendiciendo AHORA, más esperanzado estará de que verá incluso cosas mayores.

Al final del día, tómese un momento para escribir sobre eso. Comience a escribir un diario de "testimonios de esperanza". Algunos días quizá tenga una o dos cosas que escribir, otros días podría ser que tenga 10 o 20 y llene toda una hoja. Comience a documentar la bondad de Dios en su vida y observe lo fácil que es no vivir un día más sin esperanza.

¡Viva con esperanza!

Permita que la esperanza se manifieste hoy. Usted no tiene que esperar días, semanas, meses o años para que Dios obre. Él está con usted y ya está obrando en su vida. Pida una mayor percepción para que jamás falle en ver lo que Dios está haciendo en su vida.

Siempre va a existir la tentación de vivir en la procrastinación del *cuando* en lugar de en el poder del *ahora*. No permita que las dificultades del día lo convenzan de aplazar su expectativa de la bondad de Dios. Así que siga adelante y viva con esperanza. Algo grande podría suceder hoy. Hoy podría suceder una victoria. No espere hasta mañana para creerlo, créalo hoy.

> *Siempre va a existir la tentación de vivir en la procrastinación del cuando en lugar de en el poder del ahora.*

CAPÍTULO 15

OBTENGA LA PERSPECTIVA DE DIOS

Bendito el hombre que confía en el Señor, y pone su confianza en él.

Jeremías 17:7

Dios es el único que puede convertir el valle de tribulación en una puerta de esperanza.

—Catherine Marshall

Algunas veces usted simplemente no sabe cómo es que las cosas se van a resolver. ¿Alguna vez se ha sentido así antes? Usted está leyendo su Biblia todos los días, está tratando de mantener una actitud positiva, tiene buenos amigos que lo están alentando a mantenerse, pero sin importar cuanto lo intente usted sigue desanimado. Simplemente no está experimentando el tipo de esperanza del que hemos estado hablando hasta ahora en este libro. Por supuesto, usted quizá tenga algunos días que son más esperanzados que otros, pero no se consideraría una persona esperanzada.

Usted no es el único que se ha sentido de esa manera. Muchas personas luchan para encontrar esperanza; y muchas más batallan para aferrarse a la esperanza. La esperanza no se puede basar en sus circunstancias; debe reposar solamente en Cristo. La esperanza no se presenta porque usted lo desearía así. La esperanza es algo que tiene que ser cultivado y desarrollado, y un estudio regular de la Palabra de Dios es el combustible necesario para alimentarla. No tiene que esperar; la esperanza está aquí. Usted puede comenzar a recibir esperanza hoy. No tiene que esperar a sentirla, pero puede simplemente tomar una decisión de que la vida es miserable sin esperanza así que por qué no ser esperanzado ¡AHORA! ¡Espere que le suceda algo bueno hoy!

Algo importante que puede hacer para vivir una vida de esperanza—una vida llena de la feliz expectativa de algo bueno—es obtener la perspectiva de Dios. Mientras esté viendo las situaciones de su vida a través de una perspectiva natural, carnal, va a tener la tentación de sentirse indefenso y derrotado. Pero cuando comience a ver su vida en la manera en que Dios la ve, la esperanza toma el control.

Esto fue lo que le sucedió a Abraham. En Génesis capítulo 15, Abraham se estaba sintiendo bastante desesperanzado. Dios le había prometido a Abraham que sería el padre de muchas naciones (vea Génesis 12:2) y que la tierra de Canaán sería de su descendencia para siempre (vea Génesis 12:5-7), pero Abraham no podía imaginarse cómo iban a suceder las cosas. Amaba a Dios, y quería tener esperanza, pero no tenía hijos. ¿Cómo es que Dios lo iba a convertir en una gran nación si Abraham ni siquiera tenía un heredero?

En Génesis 15:2-3, Abraham hizo una de esas oraciones sinceras que todos hacemos de vez en vez. Dijo: "Señor y Dios, ¿para qué vas a darme algo, si aún sigo sin tener hijos...?". Y Abraham continuó: "Como no me has dado ningún hijo...", Abraham estaba frustrado. Estaba viendo las cosas desde su perspectiva, y su perspectiva no le estaba ofreciendo mucha esperanza.

Sabiendo que Abraham no estaba viendo todo el panorama, Dios hizo algo sorprendente. Génesis 15:5 dice:

> *Y lo llevó fuera, y le dijo: Mira ahora los cielos, y cuenta las estrellas, si las puedes contar. Y le dijo: Así será tu descendencia.*

En medio de la fiesta de autocompasión de Abraham Dios sabía lo que necesitaba Abraham: un cambio de perspectiva. Allí estaba pidiéndole sin esperanza a Dios acerca de una visión pequeña—un descendiente—mientras que Dios estaba planeando bendecirlo con descendientes demasiado numerosos como para contarlos. Así que Dios lo llevó afuera y le dio a Abraham una nueva perspectiva: un cielo lleno de estrellas. En el momento en el que Abraham obtuvo la perspectiva de Dios, su esperanza cobró vida. Romanos 4:18 dice: "Contra toda esperanza, Abraham creyó y esperó, y de este modo llegó a ser padre de muchas naciones, tal como se le había dicho: "¡Así de numerosa será tu descendencia!".

> *En lugar de tener una visión pequeña, Dios quiere mostrarnos todo el panorama —su panorama— porque su perspectiva lo cambia todo.*

La historia de Abraham es muy alentadora. Me dice que incluso los mejores de nosotros nos podemos desanimar de vez en cuando. Es natural cuestionar a Dios cuando no podemos ver cómo la promesa podría llegar a cumplirse. Pero no tenemos que quedarnos atorados en esos sentimientos de duda y desánimo. Dios quiere darnos su perspectiva con el fin de llenarnos de esperanza y de fe. En lugar de tener una visión pequeña, Dios quiere mostrarnos todo el panorama—su panorama—porque su perspectiva lo cambia todo.

Póngase sus gafas de Dios

Pongámonos lo que yo llamo nuestras "gafas de Dios" y veamos algunas cosas desde la perspectiva de Dios. Él ve los asuntos de manera bastante distinta que nosotros porque el ve el final desde el principio.

¿Cómo lo ve Dios? Él lo ama más de lo que pueda comprender y tiene un buen plan para su vida. Nunca está solo porque Él está con usted todo el tiempo. El perdón de Dios es mayor que cualquier pecado que haya cometido. Su misericordia es nueva cada día. Dios le ha dado, como creyente, poder, y usted no tiene que vivir una vida derrotada. Ha sido hecho completamente nuevo en

Cristo, le ha dado nueva vida y puede soltar todo lo que queda atrás y ver hacia lo que está delante. Cuando usted sepa quien es en Cristo—y la manera en que Dios lo ve gracias al sacrificio de su Hijo—cambiará la manera en que vive.

Dios consideró la creación y dijo que era buena (vea Génesis 1:31). Usted es parte de la creación, así que usted es bueno. Pero eso se nos puede dificultar creerlo. No estoy hablando acerca de su naturaleza pecaminosa. El apóstol Pablo dijo: "Yo sé que en mí, es decir, en mi naturaleza pecaminosa, nada bueno habita" (Romanos 7:18). Nuestra naturaleza pecaminosa es imperfecta, y todos cometemos errores. Cuando Dios dice: "Usted es bueno". ¡Él está hablando acerca del ser espiritual de usted re-creado!

> *Porque somos hechura de Dios, creados en Cristo Jesús para buenas obras, las cuales Dios dispuso de antemano a fin de que las pongamos en práctica.*
>
> Efesios 2:10

Es sumamente importante que entendamos las realidades de la nueva creación y comencemos a identificarlas. Muchas personas actúan mal porque piensan que son malos; ellos *creen* que son malos. La gente a menudo se queda atorada en un estilo de vida pecaminoso porque no creen que han sido liberados de él a través de Cristo. Ven lo que siempre han sido y no comprenden el poder real del nuevo nacimiento: que el que está en Cristo, es una nueva creación, lo viejo ha pasado, y ha llegado ya lo nuevo (vea 2 Corintios 5:17).

Sin importar lo difícil que sea entenderlo o creerlo verdaderamente, Dios ahora nos ve como justos a través de Jesús.

> *Al que no cometió pecado alguno, por nosotros Dios lo trató como pecador, para que en él recibiéramos la justicia de Dios.*
>
> 2 Corintios 5:21

Como alguien que se sintió "injusta" la mayor parte de su vida, conocer acerca de la doctrina de la justicia a través de Cristo fue y es sorprendentemente liberador y maravilloso para mí. Me encanta ayudar a la gente a entender esto de modo que puedan dejar de rechazarse a sí mismos porque no parecen ser perfectos en la vida diaria. El que estemos bien delante de Dios no se basa en lo que hacemos, sino está basado en lo que Jesús hizo.

A medida que aprendemos más y más acerca del amor, aceptación y gracia de Dios, notamos que la esperanza se vuelve nuestra compañera continua. ¡Honestamente no puedo recordar la última vez que me sentí desesperanzada! Podemos aprender a confiar en Dios y a siempre tener la confianza de que a medida que vamos creciendo y cambiando, Dios ve nuestro amor y compromiso con Él y todavía nos ve en una relación correcta con Él.

Hay una gran diferencia entre quién es usted y lo que hace. Por eso es que aliento a las personas a separar su "quienes son" de lo que "hacen". Usted es un hijo de Dios. Usted ha nacido de nuevo. Usted está lleno de su Espíritu. En lugar de ver su naturaleza pecaminosa, obtenga la perspectiva de Dios y vea su espíritu. Véase en el espejo de la Palabra de Dios y luego emociónese por quién es usted en Cristo Jesús.

Lo insto también a obtener la perspectiva de Dios en sus pruebas. Véalas como Dios las ve. Él ve que son temporales. Ningún problema dura para siempre, así que viva con esperanza porque su avance está más cerca de lo que piensa. Cuando usted vea a través de las gafas de Dios usted tendrá que decir: "¡Esto no durará para siempre y yo viviré más que esto!".

> Cuando quede en un lugar difícil y todo parezca estar en su contra hasta que parezca que no puede resistir un solo minuto más, no se rinda en ese momento, porque ese es justo el lugar y el momento en el que la marea va a cambiar.
>
> —Harriet Beecher Stowe

Dios desea que usted permanezca en todo el camino con Él. Seguir adelante o rendirse es su decisión. Dios nos da su promesa, pero depende de nosotros mantenernos firmes y esperar a través de todas las tormentas de la vida. Por supuesto, Dios nos ayuda.

Nos da su gracia, su fuerza y su aliento, pero, finalmente, debemos decidir proseguir o renunciar. Uno de los beneficios de las pruebas es que Dios las usa para endurecernos frente a la dificultad.

> *Así que no temas, porque yo estoy contigo; no te angusties,*
> *porque yo soy tu Dios. Te fortaleceré y te ayudaré…*
>
> Isaías 41:10a (PDT)

Esta es una Escritura maravillosa que nos dice que aunque pasemos por algo difícil, Dios va a disponer algo bueno de ello. Él hace muchas cosas, pero una es que nos hace más fuertes. Somos endurecidos a las dificultades. En otras palabras, las cosas que alguna vez nos hacían enojar o nos asustaban o nos preocupaban, ya no nos molestarán.

Una persona que se ejercita en el gimnasio con pesas obtendrá músculo, pero una vez que él o ella alcance cierto volumen muscular, la única manera de obtener más músculo es levantar pesas más pesadas. Cuando le pedimos a Dios una promoción en cualquier área de nuestra vida, podemos esperar que Dios haga algo *en* nosotros antes de hacer algo *por* nosotros. Podemos decir que nos hemos acostumbrado a levantar pesas más pesadas en el espíritu.

Por ejemplo, podemos orar que nuestro amor abunde más y más, pero eso también puede significar que estaremos alrededor de más personas que sean difíciles de amar. ¡Recuerdo en una ocasión que estaba orando por la capacidad de amar a los difíciles de amar! Un par de semanas más tarde, estaba murmurando a Dios en oración acerca de las personas difíciles que habían llegado a mi vida, y Él me recordó que no podía aprender a amar a los difíciles de amar si solamente estaba alrededor de personas fáciles de amar que nunca me irritaban en modo alguno.

Cuando le pedimos a Dios que nos use en mayor manera, deberíamos recordar que Pablo dijo que se le había presentado una gran oportunidad para un trabajo eficaz y que con ella habían venido muchos en su contra (1 Corintios 16:9). Satanás se opone a cualquier cosa buena. Él odia el crecimiento y el progreso de cualquier tipo, pero si permanecemos firmes, Dios nos liberará y simultáneamente nos ayudará a crecer espiritualmente a través de las dificultades.

Esto no quiere decir que Dios sea el autor de nuestros problemas, sino que ciertamente los usa para ayudarnos en muchas maneras. Cuando se encuentre en medio de una situación desafiante o dolorosa, trate de pensar en lo bueno que vino de ello, en lugar de meramente lo difícil que es. Cuando se vaya toda la razón para tener esperanza, espere en fe, como Abraham.

Desde la perspectiva de Dios, están sucediendo cosas buenas incluso mientras usted está esperando su avance o liberación. Usted está creciendo espiritualmente, está desarrollando paciencia, está soportando la prueba y cuando la pase experimentará una promoción. Y está glorificando a Dios mediante amarlo igual hoy que cuando sus circunstancias cambien.

Las pruebas son valiosas. Lastiman, ¡pero son valiosas! Todos atravesamos por ellas, pero no todos las pasamos con éxito. Con frecuencia digo que después de una prueba algunas personas terminan con un testimonio de victoria, pero las que no hacen lo que dice la Palabra terminan con un relato triste de quejas y fracaso.

Haga de la esperanza un hábito

Con el fin de obtener la perspectiva de Dios, es probable que usted necesite desarrollar algunas rutinas nuevas en su vida diaria: algunos hábitos nuevos. Escuchar la palabra "hábitos" podría llevarlo a pensar en malos hábitos (por que los malos hábitos reciben la mayor parte de la atención en estos días), pero también puede desarrollar buenos hábitos también. Más particularmente, usted puede hacer de la esperanza un hábito. La esperanza puede ser algo que usted desarrolle a lo largo del tiempo hasta que se convierta en su disposición natural.

> *Usted puede convertir la esperanza en hábito.*

Una actitud de expectación— buscar, anhelar y esperar que

Dios va a hacer algo grande—no es algo que le venga naturalmente todo el tiempo. Esta es una mentalidad de esperanza que va a tener que desarrollar intencionalmente hasta que se convierta en una segunda naturaleza...un hábito. Una de las maneras de hacer esto es recordarse a sí mismo a tener la expectativa de cosas buenas. Probablemente ponga letreros en toda su casa que le recuerden tener un corazón esperanzado. Yo creo en emplear todos los métodos necesarios cuando estoy trabajando en desarrollar un nuevo hábito. Los buenos hábitos no dejan espacio para los malos, de modo que si tenemos el hábito de la esperanza, no habrá espacio en nuestra mente y corazón para la desesperanza, el desánimo y el desaliento.

Habacuc 2:2 dice:

> *Escribe la visión, y haz que resalte claramente en las tablillas, para que pueda leerse de corrido.*

Escriba su visión. No tiene que ser larga o elaborada. Usted puede hacer pequeños letreros que se puedan leer "de corrido" cuando usted o su familia pasen de largo. Piense en cuánto más esperanzado podría ser usted...

- Si cuando se levante a lavarse los dientes, haya un letrero en el espejo del baño que diga: "La esperanza es importante. No olvides creer que Dios va a hacer algo grande en tu vida hoy".

- Si cuando camine por el pasillo, hay un letrero que diga: "La esperanza es la feliz expectativa de algo bueno. Ponte feliz. Dios ha preparado cosas buenas".

- Si cuando entre a la cocina a preparar el desayuno, hay un letrero sobre la estufa que diga: "Emociónate. Dios está cocinando algo sorprendente hoy".

- Si cuando se suba al coche para ir al trabajo, llevar a los niños a la escuela o a reunirse con un amigo para tomar un café, haya un letrero que diga: "Vive con esperanza. Dios está contigo hoy, y se deleita en ser bueno contigo".

¡No se usted, pero ya me estoy empezando a sentir esperanzada! Si usted quiere vivir una vida de esperanza, haga lo que sea necesario. Hay muchas cosas durante su día que tratan de robar su esperanza. Decida que va a ganarles en número a los "robadores de esperanza" con recordatorios de esperanza. ¡Colóquelos por todos lados! Esto es especialmente importante si tiene la tendencia a ser negativo o a deprimirse, o si está pasando por un tiempo difícil.

Entre más alto suba, mejor verá

Tengo que admitir que no soy una gran escaladora. Quizá usted sí, pero no es algo que se me dé. Yo preferiría pasar el fin de semana con mis hijos que ira a explorar senderos en el bosque o la montaña. Pero he escuchado que cuando los alpinistas se confunden y están tratando de dilucidar dónde están exactamente, buscan subir más alto. Un punto de vista más alto les da una mejor perspectiva. Sea que tengan que trepar un árbol, ascender a toda prisa por una colina, o escalar una gran roca, los alpinistas suben más alto. Han aprendido que entre más alto suben, pueden ver más lejos.

Creo que lo mismo es cierto para usted y para mí hoy. Algunas veces es difícil ver hacia donde vamos porque tenemos una visión limitada. Nos podemos confundir con los alrededores y no estar seguros de hacia dónde ir ahora porque no tenemos la perspectiva correcta. Nuestra esperanza y nuestra dirección se ven disminuidas por una cobertura de fracasos pasados, una niebla de bajas expectativas y de cañones de desaliento.

Con el fin de obtener la perspectiva de Dios, usted necesita ir más alto. Usted escala más arriba de la ingratitud; sube más allá de la duda y el desánimo. Si escoge tener altas expectativas y altas esperanzas, creo que va a comenzar a tener una nueva perspectiva; una perspectiva divina. Y cuando eso suceda, va a poder ser capaz de ver más allá que nunca antes.

¡Viva con esperanza!

Usted puede determinar el tipo de vida que va a vivir con base en la manera en que decida verse a sí mismo y las situaciones en su vida. Si usted ve sus faltas y fracasos, pensando que esas son las cosas que lo definen, no va a esperar que Dios haga mucho en su vida. Y si usted mira y habla de sus problemas constantemente, van a parecer demasiado grandes para vencerlos, y va a descubrir que la esperanza es algo difícil de lo cual sostenerse.

Pero gracias a Dios, hay una perspectiva diferente. La perspectiva de Dios para usted y para su vida es una mejor perspectiva...y es la única que realmente importa. Cuando Dios lo ve, está lleno de amor por usted y ha armado un gran plan para su vida. Jeremías 29:11 dice: "Porque yo sé muy bien los planes que tengo para ustedes —afirma el Señor—, planes de bienestar y no de calamidad, a fin de darles un futuro y una esperanza". Así que siga adelante y viva con esperanza. Dios lo ha bendecido en el pasado, y Él promete bendecirlo en el futuro. En cualquier momento en el que no esté seguro de cómo van a resultar las cosas, vaya afuera por la noche y cuente las estrellas. Dios le cumplió su promesa a Abraham, y le va a cumplir sus promesas a usted también.

CAPÍTULO 16

LA DECISIÓN ES SUYA

*No se inquieten por nada; más bien, en toda ocasión,
con oración y ruego, presenten sus peticiones a Dios y
denle gracias. Y la paz de Dios, que sobrepasa todo entendimiento, cuidará sus corazones y sus pensamientos en
Cristo Jesús.*

Filipenses 4:6-7

La esperanza es el poder de estar alegre en las circunstancias que sabemos son desesperadas.

—G. K. Chesterton

Es maravilloso saber que hay esperanza; está disponible para
usted y para mí hoy. Pero con el fin de vivir en la realidad de esa
verdad, hay un enemigo de la esperanza que necesitamos vencer:
la preocupación.

> Es imposible estar lleno de
> esperanza y de preocupa-
> ción al mismo tiempo.

La preocupación es el
amargo enemigo de la esperanza. Es imposible estar lleno
de esperanza y de preocupación
al mismo tiempo. Usted tiene que escoger una, porque los dos son
diametralmente opuestos. La esperanza ve todas las cosas buenas
que pueden suceder; la preocupación se manifiesta como premoni-
ciones de algo malo. Está preocupado de que algo malo va a pasar.
La preocupación y el temor trabajan de la mano, y nos dejan pensando que si pudiéramos simplemente dilucidar qué hacer acerca
de nuestra situación, posiblemente podríamos terminar con la dificultad. Y aunque la Biblia nos dice en repetidas ocasiones que la
preocupación es inútil y que no nos preocupemos, es una de las

mayores tentaciones con las que tratamos. Hacer la transición de confiar en nosotros mismos para resolver nuestros problemas y confiar totalmente en Dios toma tiempo.

Encontré una historia que demuestra la clave para vencer la preocupación y vivir en la plenitud de la esperanza...

Un pastor había estado en un largo vuelo de un lugar a otro. La primera advertencia de que se aproximaban problemas fue cuando apareció el letrero del avión: "Abróchese su cinturón". Entonces, después de un tiempo, una voz calmada dijo: "No estaremos sirviendo bebidas en este momento, ya que estamos esperando un poco de turbulencia. Por favor asegúrese de que su cinturón esté abrochado".

Cuando el pastor vio alrededor de la aeronave, se hizo obvio que los pasajeros se estaban poniendo ansiosos. Más tarde, el sobrecargo dijo: "Discúlpennos que no podamos servir la comida en este momento. La turbulencia sigue delante de nosotros". Y entonces de desató la tormenta. Los rugidos ominosos de los truenos se podía escuchar incluso por sobre el fuerte sonido de los motores. Los rayos iluminaban los cielos oscurecidos y en unos momentos ese gran avión era como un corcho azotado en un océano celeste. En un momento el avión era levantado por corrientes maravillosas de aire, y al siguiente caía como si estuviera a punto de chocar.

El pastor confesó que compartía la incomodidad y el temor de los que estaban a su alrededor. Dijo: "Al recorrer con la vista el avión pude ver que casi todos los pasajeros estaban molestos y alarmados. Algunos estaban orando. El futuro parecía amenazante y muchos se estaban preguntando si lograrían salir de la tormenta. Entonces de pronto, el pastor vio a una niña pequeña. Aparentemente la tormenta no significaba nada para ella. Se encontraba sentada con las piernas cruzadas sobre el asiento; estaba leyendo un libro y todo dentro de su pequeño mundo estaba calmado y ordenado. Algunas veces cerraba los ojos, luego volvía a leer; luego estiraba las piernas, pero la preocupación y el temor no estaban en su mundo. Cuando el avión estaba siendo azotado por la terrible tormenta, cuando se sacudía de esta manera y de la otra, cuando se levantaba y caía con escalofriante gravedad, cuando todos los adultos estaban asustados casi hasta la muerte, esa maravillosa niña estaba completamente serena y sin temor".

El ministro apenas podía creer lo que estaba viendo. No fue nada de sorprenderse, por lo tanto, que cuando el avión llegó a su destino y que todos los pasajeros se estaban apresurando a descender, nuestro pastor se quedara para hablar con la pequeña a la que había estado viendo durante mucho tiempo. Después de comentar acerca de la tormenta y del comportamiento del avión le preguntó por qué no se había asustado.

La niña respondió: "Porque mi papi es el piloto, y me está llevando a casa".[1]

Qué gran ilustración acerca de la manera de encontrar paz, incluso en medio de la tormenta. Esta pequeña niña nunca se asustó ni estuvo ansiosa porque confiaba en que su papá sabía lo que estaba haciendo. Todos los demás estaban enfocados en la tormenta a su alrededor, entrando en pánico y preocupándose de que no podrían lograrlo. Pero esos pensamientos jamás le llegaron a esta pequeña niña. En su mente, su papá estaba en control total todo el tiempo; ella no tenía nada de qué preocuparse.

> *En lugar de suponer lo peor cada vez que las cosas se ponen difíciles, tenga la fe de reposar y relajarse.*

Si usted quiere vencer la preocupación en su vida, lo aliento a tomar la misma actitud. En lugar de suponer lo peor cada vez que las cosas se ponen difíciles, tenga la fe de reposar y relajarse. Quizá haya un poco de turbulencia, y la gente a su alrededor podría mostrar señales de temor, pero usted sabe algo que probablemente ellos no...su Padre celestial es el piloto. No hay manera de que lo vaya a decepcionar. Él ha estado en control todo el tiempo.

Calma en la tormenta

Romanos 8:24-25 dice esto acerca de la esperanza:

> *Porque en esa esperanza fuimos salvados. Pero la esperanza que se ve, ya no es esperanza. ¿Quién espera lo que ya tiene?* **Pero si esperamos lo que todavía no tenemos, en la espera mostramos nuestra constancia** (énfasis añadido).

¿Qué es calma? Significa que nuestras emociones están bajo control. Cuando alguien se distraiga emocionalmente, usted puede decirle: "Tenga calma". La Biblia enseña que la esperanza no va a permitir esperar en Dios con una actitud de paciencia y calma. En otras palabras, mientras estamos esperando en Dios podemos permanecer serenos. No estaremos desesperados y temerosos, e incluso cuando nos sintamos tentados a hacerlo, podemos vencer la preocupación a través de recordar que Dios nos ama y que no nos dejará ni nos desamparará. No "trate" meramente de no molestarse, sino más bien, enfrente los pensamientos de preocupación con recordatorios de la manera en que Dios lo ha liberado en el pasado, y sepa que Él lo va a hacer de nuevo. ¡Podemos ser derribados, pero no destruidos!

La esperanza trae un nivel de calma y serenidad. La esperanza dice: "No veo la respuesta a mi situación todavía con mis ojos naturales, pero por fe creo que Dios está trabajando". Siempre recuerde que la preocupación es un desperdicio total de energía. Nos agota mental y emocionalmente y no hace ningún bien. ¡La preocupación no cambia nada excepto a nosotros! Nos confunde cuando desesperadamente buscamos en nuestra mente la respuesta a problemas para los que solamente Dios tiene respuestas. Dios no es el autor de la confusión, Él es el Príncipe de paz. Él quiere que usted viva en esperanza para que incluso en los días en los que parece que todo está saliéndose de su control, usted puede estar firme en su fe de que algo bueno va a suceder. Créalo, medítelo, declárelo y aliente a otros que también están enfrentando pruebas.

Imagínese a una pareja de padres sentados en el partido de fútbol de su hijo. Uno de estos padres es un "preocupón" crónico y el otro no. El padre que se preocupa supone lo peor; el otro padre cree lo mejor. Ahora bien, su hijo está en segundo año de primaria, y está corriendo por allí, pateando el balón y divirtiéndose. De pronto, gira, choca con un jugador contrario, cae al suelo y se raspa la rodilla. Esto, por supuesto, genera el derramamiento normal de algunas lágrimas, y todos los demás niños esperan mientras se le da atención a la rodilla raspada. Ambos padres ven atentamente hacia el campo para asegurarse de que su hijo está bien (y lo está), pero su perspectiva de la vida los lleva a tener reacciones drásticamente distintas.

El padre que vive con paciencia y calma observa con cuidado mientras el entrenador revisa al niño. Este padre tiene un nivel de preocupación que cualquier otro padre tendría, pero cuando es aparente que este niño solo tiene necesidad de una tirita y algunos gajos de naranja, este padre le hace un ademán de victoria a su hijo y alienta al muchacho a disfrutar el resto del partido. Este padre optimista no ignora la situación, pero se rehúsa a perturbarse e inquietarse solo porque existe la posibilidad de una lesión. Hay una saludable y feliz expectativa de bien más de que un temor poco saludable de que algo malo va a pasar.

El padre que se preocupa tiene una reacción completamente distinta. Este padre entra al campo intempestivamente. Antes de que el entrenador o incluso el árbitro puedan revisar si el muchacho está bien, el padre que se preocupa ya está allí, examinando desesperadamente la rodilla y preguntándose cuánto va a costar la cuenta del hospital. Tenga en mente que es solo un raspón, pero un preocupón tiene poca calma. Este padre hace toda una escena, carga al niño fuera del campo, corre al coche, imaginándose al muchacho con yeso y muletas.

Probablemente usted ha sido testigo de escenas como esta suceder en la vida de personas a su alrededor (o quizá en su propia vida). Las personas que se desmoronan a la primera señal de problemas con frecuencia dicen: "Es que soy muy preocupón", excusando sus reacciones como si fuera solamente un rasgo de personalidad. Pero la preocupación es un arma del enemigo que tiene el propósito de robar su alegría y la alegría de todos a su alrededor. No es un rasgo de personalidad; está basado en el temor y en un fracaso de confiar en Dios.

No tiene que andar por la vida temiendo lo peor. No tiene que desesperarse y salir de control emocionalmente con cada rodilla raspada. Usted puede vivir con una seguridad esperanzada de que las cosas van a estar bien. De hecho, van a estar mejor que bien; ¡van a estar grandiosas! Dios está en control, y cuando usted confía en su plan para su vida, la esperanza, la paz y la serenidad serán los resultados naturales. Nada de esto significa que no tendremos que tratar con circunstancias desagradables, o que todo en la vida será como nos gustaría que fuera, pero eso significa que podemos decidir creer lo mejor o creer lo peor; ¡depende de nosotros!

El efecto calmante de la esperanza

La gente, incluyendo a los cristianos, pueden tener un gran problema con una falta de estabilidad; y esa falta de estabilidad viene a causa de la preocupación y el temor. La preocupación hace que la gente tenga altibajos emocionales, y su mente puede correr sin control con pensamientos erráticos. Uno nunca sabe lo que se va a encontrar con familiares o amigos que tienden a preocuparse. Sus emociones están basadas en los eventos del día, de modo que son impredecibles y poco confiables. No tienen la intención de ser de este modo; pero eso es simplemente lo que genera la preocupación. Les gustaría estar calmados, pero erróneamente piensan que la única manera en que pueden estar calmados es si todas sus circunstancias son agradables.

Yo pasé muchos años en altibajos emocionales, y oraba constantemente para que Dios arreglara mis problemas de modo que pudiera tener paz. Ahora sé que la meta de Dios para nosotros es que estemos calmados en la tormenta como Jesús. ¿Por qué Dios no simplemente remueve nuestros problemas? Después de todo, Él podría hacerlo si quisiera. La respuesta es simplemente que estamos en el mundo, y que en el mundo tendríamos aflicción (Juan 16:33). Para jamás tener una dificultad tendríamos que salirnos del mundo completamente. Por ahora, aquí es dónde estamos. Estar aquí no siempre es fácil, pero Dios nos ha equipado con todo lo que necesitamos para estar calmados y disfrutar la vida sin importar qué.

Sea realista

Lo estoy alentando en cada capítulo de este libro a esperar cosas buenas, pero eso no significa que deberíamos tener expectativas poco realistas. Es poco realista esperar que la gente sea perfecta y que nunca lo lastime, o que espere que todos los días de su vida las cosas van a ser exactamente como usted quiere que sean. Creer que van a suceder cosas buenas lo va a ayudar a navegar por las tormentas de la vida y todavía llegar a su destino. Pasamos por cosas, pero gracias a Dios que las *"pasamos"*. Pasar por ellas probablemente no sea agradable, pero con toda seguridad es mejor que quedarse atorado y nunca llegar al otro lado.

No despierto esperando problemas, pero estoy consciente de que podrían venir, y ya he puesto mi mente en mantenerme llena de esperanza ¡y en tener una expectativa positiva de que las cosas obrarán para bien! Somos más que vencedores, y para mí eso significa que podemos tener la seguridad de la victoria incluso antes de que tengamos el problema. ¡"Vencedor" se vuelve nuestra nueva identidad! No necesitamos vivir con una mentalidad de víctima porque se nos asegura que al final, ¡siempre ganamos!

Estar completamente convencidos de estas cosas nos permite ser estables y estar calmados. En 1 Corintios 15:58, el apóstol Pablo dice que podemos estar "firmes e inconmovibles, progresando siempre en la obra del Señor". Qué gran descripción de lo que significa seguir a Jesús. Esto es exactamente la manera en que una persona que ha hecho de Dios el fundamento de su vida puede vivir. "Firmes" e "inconmovibles" son características que desarrollamos como un resultado de hacer la preocupación a un lado y decidir consistentemente vivir en esperanza.

La esperanza trae fuerza y estabilidad a su vida. Cuando tiene la confianza de que Dios está en control y que Él va a hacer algo grande en su situación, usted ya no es echado de un lugar a otro intempestivamente por las tormentas de la vida; en lugar de ello, está anclado y seguro porque su esperanza está en el Señor.

¿Qué es usted: un buitre o un colibrí?

Un artículo en el *Reader's Digest* decía:

> Tanto el colibrí como el buitre sobrevuelan los desiertos de nuestra nación. Lo único que ven los buitres es carne podrida, porque eso es lo que buscan. Ellos subsisten con esa dieta. Pero los colibríes ignoran la apestosa carne de animales muertos. En lugar de ello, buscan los retoños coloridos de plantas del desierto. Los buitres viven de lo que fue. Viven del pasado. Se llenan de lo que está muerto y se ha ido. Pero los colibríes viven de lo que es. Buscan nueva vida. Se llenan de frescura y vida. Cada ave encuentra lo que está buscando. Nosotros igualmente.[2]

La diferencia entre el buitre y el colibrí es muy semejante a la diferencia entre la preocupación y la esperanza. Como el buitre, la preocupación se alimenta de cosas que no tienen vida: negatividad, pesimismo, temor, ansiedad. Es una manera fea de vivir, atacando para su sustento cosas muertas y moribundas. Pero la esperanza es diferente. Como el colibrí, la esperanza es hermosa. La esperanza busca nueva vida, se alimenta de lo que está fresco y nuevo.

Como hijo de Dios, es su derecho disfrutar de la vida, pero con el fin de hacer eso, usted va a necesitar escoger ser positivo, buscar lo fresco y nuevo. Ser positivo significa que activamente busca cosas buenas. Usted está constantemente creyendo y buscando las cosas buenas que Dios tiene para usted, no buscando o esperando el siguiente desastre.

> La diferencia entre el buitre y el colibrí es muy semejante a la diferencia entre la preocupación y la esperanza.

No es suficiente deshacerse de la negatividad; ese es solamente el principio. Usted tiene la oportunidad de librarse de la negatividad… ¡y luego abrazar una perspectiva positiva de la vida!

Recuerdo cuando Dios trató conmigo fuertemente acerca de los efectos de la negatividad y me desafió a dejar de pensar y de decir cosas negativas. Pasaron unos meses y pensé que realmente iba bien, pero todavía no veía cambios positivos en mis circunstancias. Al meditar sobre la situación, sentí que Dios me mostró que aunque había mejorado en no ser tan negativa, había fallado en ser positiva. Dios no solamente quiere que dejemos de hacer cosas equivocadas; sino también quiere que hagamos las cosas correctas. El apóstol Pablo enseñó que el que robaba no debería robar más, sino trabajar para compartir con los necesitados. Dijo que deberíamos abandonar la ira y la amargura, y en lugar de ello ser bondadosos con todos, haciendo lo que ayudara para su beneficio (Efesios 4:28, 31-32).

Dios quiere reemplazar los principios del mundo con principios divinos. Usted lo ve a lo largo de toda la Biblia. Él toma nuestro pecado y nos da su justicia. Toma nuestra agitación y nos da su paz. Toma nuestra tristeza y nos da su gozo. Remueve lo malo y trae lo bueno.

La decisión es suya

Así es como podría lucir en su vida...

- Probablemente haya dejado de tratar mal a alguien. Ese es un buen paso. Pero ahora tome otro paso y comience a ser bueno con ellos, bendiciéndolos con cada oportunidad que tenga.

- Probablemente dejó de decir cosas malas acerca de la gente, pero ahora es probable que necesite ser agresivo en encontrar cosas buenas qué decir de ella.

- Quizá dejó de quejarse todo el tiempo por las cosas difíciles en su vida. Ese es un buen paso. Pero ahora tome otro paso y comience a estar agradecido por las cosas buenas que experimenta cada día.

- Es posible que haya dejado de suponer que va a tener un día terrible en la mañana cuando despierta. Ese es un buen paso. Pero ahora dé otro paso y comience a suponer que va a tener un día excelente en Dios.

Como mencioné en el capítulo anterior, la Biblia dice que Dios vio todo lo que hizo y que "era bueno en gran manera" (Génesis 1:31). Me encanta como Dios se tomó el tiempo de reconocer y apreciar lo bueno. Creo que deberíamos hacer lo mismo. Escojamos ser colibríes, no buitres. Pongamos a un lado las cosas negativas y vayamos en búsqueda de las que son buenas. No sé usted, pero yo prefiero ser un colibrí que un buitre.

¡Viva con esperanza!

Si ha tratado con la preocupación o la ansiedad en su vida, esto podría ser un momento de victoria para usted. Usted puede decidir vivir su vida llena de esperanza en Dios, emocionado acerca de su plan para su vida. La preocupación no es parte de su ADN. La preocupación es un enemigo que puede derrotar con la ayuda del Señor.

Cuando surjan las situaciones difíciles, no tiene que entrar en pánico y desmoronarse; usted puede estar lleno de paz y calma. El Señor es su Roca, y Él lo anclará para que no sea echado por doquiera por las tormentas de la vida. Así que siga adelante y viva con esperanza. Usted puede ser un colibrí, no un buitre. Usted puede ver lo bueno en cada situación en lugar de lo malo. Y si encuentra una tormenta y la turbulencia lo tiene sintiéndose atemorizado, no se preocupe... ¡su Padre celestial es su piloto!

CAPÍTULO 17

QUE LA ESPERANZA REBOSE

Que el Dios de la esperanza los llene de toda alegría y paz a ustedes que creen en él, para que rebosen de esperanza por el poder del Espíritu Santo.

Romanos 15:13

El gozo corre más profundo que el desaliento.

—Corrie ten Boom

¡Todo lo que pueda comer!

Consideré con cuidado cómo comenzar el último capítulo de este libro, pero seguí volviendo a estas cuatro palabras: ¡TODO LO QUE PUEDA COMER! He escrito más de 100 libros, pero puedo decir con toda seguridad que jamás he comenzado un capítulo como este.

"Todo lo que pueda comer" es algo que quizá usted no se permita con frecuencia, pero probablemente usted lo aprovecha cuando lo hace. Recientemente alguien que conozco me dijo que lleva a su familia a un bufé de "coma todo lo que pueda" cada Día de Acción de Gracias; es su tradición familiar. En lugar de cocinar toda la mañana y de limpiar platos toda la noche, van al mismo restaurante cada Día de Acción de Gracias y disfrutan el bufé. Hacen un viaje tras otro al mostrador por más pavo; un plato tras otro de papas, relleno, ejotes, batatas y salsa de arándano. Y para esta ocasión especial, él y su esposa permiten que sus hijos vayan a la barra de postres todas las veces que quieran. Me dijo: "Joyce, solamente vamos al 'coma todo lo que pueda' una vez al año, pero cuando lo hacemos ¡definitivamente vale la pena lo que pagamos por ello!".

Menciono esto al inicio de nuestro último capítulo juntos porque creo que la esperanza es un artículo del menú del bufé de "coma todo lo que quiera" de Dios. No es el único platillo que ofrece, pero es uno de los más destacados. La gracia, la esperanza, el amor, el perdón, la aceptación, la fuerza, la seguridad; estas son solamente algunas de las cosas que Dios ofrece sin limitaciones. Usted nunca puede agotar las veces en las que puede recurrir a la gracia. Usted jamás agotará el suministro de amor del Padre. Es imposible pedir demasiada esperanza.

> *Es imposible pedir demasiada esperanza.*

Sin importar lo que usted esté creyendo que Dios le dará—sea algo con respecto a su familia, su salud emocional, su salud física, sus relaciones, su carrera, sus finanzas, su futuro—no le ponga límites. Regrese al bufé y llénese de esperanza todas las veces que sea necesario. Cuando la gente hable de usted debería decir: "Esa persona rebosa de esperanza. No importa lo que suceda, no importa cómo lucen las cosas a su alrededor, jamás renuncia a Dios".

Considere su alma como si fuera un vaso; no permita que tenga solo un cuarto de esperanza. No se conforme con un vaso medio lleno de esperanza. Tres cuartos de su vida llenos de esperanza no es suficiente. Usted incluso puede ir más allá de estar lleno de esperanza; permita que la esperanza salpique por todos lados, y que le caiga a las demás personas. Decida rebosar de esperanza en Dios. Crea que Él va hacer muchísimo más de lo que usted pueda imaginarse o pedir (vea Efesios 3:20).

El Dios de lo más que suficiente

Una de las cosas que conocemos acerca de Jesús es que le gusta ir más allá de nuestras expectativas. No hay duda de su poder, porque Él nos da más de lo que necesitamos; nos da lo que necesitamos…y algo más. Este es un versículo de la Escritura que confirma positivamente este principio:

> *Y Dios puede hacer que toda gracia abunde para ustedes, de manera que siempre, en toda circunstancia, tengan todo lo necesario, y toda buena obra abunde en ustedes.*
>
> 2 Corintios 9:8

Dios promete lo suficiente para usted y un poco más que rebose para que pueda ayudar a otras personas. Esto suena como una manera emocionante de vivir, y yo no quiero perdérmela para nada, ¿y usted?

En Juan capítulo 6 encontramos la historia familiar en la que Jesús alimenta a una multitud de 5000 hombres (más las mujeres y los niños). Los discípulos habían entrado en pánico porque la multitud estaba hambrienta, y no había manera de tener suficiente comida para alimentar a todas estas personas. Una muchedumbre hambrienta y unos discípulos indefensos: esto no se veía bien.

¿Puede relacionarse con ese sentimiento de indefensión? ¿Alguna vez estuvo en una situación donde el problema era tan grande que usted sabía que no había manera en que lo pudiera arreglar por su cuenta?

- Su matrimonio está sufriendo, pero usted no tiene idea de cómo arreglarlo.
- Usted se siente solitario y desanimado, pero no tiene idea de cómo arreglarlo.
- Usted ha dejado de tener favor en el trabajo, pero no tiene idea de cómo arreglarlo.
- Su salario no es suficiente para cubrir sus cuentas, pero usted no tiene idea de cómo arreglarlo.
- Sus hijos están batallando en la escuela, pero usted no tiene idea de cómo arreglarlo.

Así es como los discípulos podrían haberse sentido. La gente estaba buscándolos, pero ellos se sentían desesperanzados. Su problema era demasiado grande, y sus habilidades eran demasiado pequeñas. Así que hicieron lo único que podían hacer: acudieron a Jesús. La Palabra de Dios nos dice que Jesús tomó lo poquito que tenían (cinco panes de cebada y dos pescados pequeños), oró sobre ello, y luego comenzó a multiplicarlo.

Al principio, los discípulos probablemente supusieron que solamente alimentaría a dos o tres personas. Pero el suministro siguió proviniendo de las manos del Salvador. Diez personas fueron alimentadas, cien personas fueron alimentadas, quinientas personas fueron alimentadas, mil personas fueron alimentadas. ¡Para su sorpresa, las provisiones seguían viniendo y viniendo y viniendo! Y la parte más increíble de la historia no es que todos fueron alimentados: todos fueron alimentados hasta que quedaron llenos y satisfechos…y hasta sobraron 12 canastas de comida. Jesús provee más que suficiente.

¡TODO LO QUE PUEDA COMER!

Si Jesús pudo satisfacer a una muchedumbre hambrienta, solo imagínese lo que puede hacer por su alma hambrienta. Sin importar por lo que usted esté pasando hoy, no se compara con el poder de Dios en su vida. No hay razón por la que usted pueda estar preocupado o asustado; la esperanza está aquí. El mismo Jesús que proveyó tanta comida que sobraron doce canastas, le está proveyendo a usted también.

> *Si Jesús pudo satisfacer a una muchedumbre hambrienta, solo imagínese lo que puede hacer por su alma hambrienta.*

No dude en creer y pedirle a Dios que haga lo impensable y lo inimaginable en su vida. Una de las cosas favoritas de Dios es tomar algo que se pensaba era imposible y convertirlo en posibilidades sorprendentes. Cuando el mar estorba para el escape de su pueblo, Él abre el mar. Cuando comienza a ponerse el sol durante una victoria, le dice al sol que se sostenga. Cuando a una multitud inquieta le da hambre, los alimenta con el almuerzo de un muchacho. Cada vez que se mueve hay victoria, luz del día y comida para repartir. Así que no le pida a Dios apenas lo suficiente; trate de pedirle demasiado. No pida con un motivo egoísta o es probable que no reciba nada, pero si usted quiere más que suficiente para que pueda ser una bendición a las personas que sufren o que están en necesidad, usted puede tener la expectativa de recibir excedentemente, abundantemente y más allá de todo lo que pueda esperar, imaginarse o pedir (Efesios 3:20).

En Lucas capítulo 5 vemos un relato de Jesús viniendo a sus discípulos después de que habían trabajado toda la noche y no habían pescado nada. Les dijo que fueran a aguas más profundas y que echaran de nuevo sus redes. Cuando lo hicieron sucedió algo sorprendente.

> *Así lo hicieron, y recogieron una cantidad tan grande de peces que las redes se les rompían. Entonces llamaron por señas a sus compañeros de la otra barca para que los ayudaran. Ellos se acercaron y llenaron tanto las dos barcas que comenzaron a hundirse.*
>
> Lucas 5:6-7

Considere la fuente

Con bastante frecuencia cuando las cosas no funcionan, recibimos malos consejos o somos decepcionados por un amigo, algunas personas podrían decirnos: "Bueno, qué esperabas, considera las cosas de quien vienen". En otras palabras, están diciendo que en lo que pusimos nuestra confianza era inestable y era lógico que termináramos siendo lastimados.

Una de las razones por las que no hay más personas rebosando de esperanza es porque están poniéndola en las cosas equivocadas. Están dependiendo de un trabajo, de una relación, de la economía, de una ideología política, de un sueño o incluso de su cónyuge para que los haga felices y cumpla sus necesidades en lugar de buscar a Dios. No hay nada malo con cualquiera de esas cosas a primera vista, pero nunca tuvieron el propósito de ser la fuente misma de su esperanza. Dios es la única fuente que jamás se seca. Hablamos al principio de este libro acerca de la importancia de que nuestra esperanza tenga a Dios como su fuente, pero es tan fácil para nosotros alejarnos de esta importante verdad que quise incluirlo nuevamente en este capítulo final.

1 Corintios 8:6 dice:

> *Para nosotros no hay más que un solo Dios, el Padre, de*
> *quien todo procede y para el cual vivimos; y no hay más que*
> *un solo Señor, es decir, Jesucristo, por quien todo existe y por*
> *medio del cual vivimos.*

Dios es "de quien todo procede" y en quien tenemos vida. Si su esperanza está basada en cualquier otra cosa diferente a Dios, usted va a ser decepcionado. El estrés emocional bajo el que muchos creyentes viven sucede porque están dependiendo de las fuentes equivocadas. Si su esperanza está en una persona, en un programa o incluso en usted mismo usted va a sufrir frustración y dolor de corazón una y otra vez porque estos son recursos limitados. Y entre más trate de sacar agua de estos pozos secos, más profunda y más pronunciada será la decepción.

Salmo 42:11 dice: "¿Por qué voy a inquietarme? ¿Por qué me voy a angustiar? En Dios pondré mi esperanza, y todavía lo alabaré. ¡Él es mi Salvador y mi Dios!" (énfasis añadido). David estaba haciendo algo bastante sabio en este versículo de la Escritura.

Aunque se sentía abatido y aunque no se sentía necesariamente esperanzado, comenzó a hablar consigo mismo con respecto a poner su esperanza en Dios. Se dijo a sí mismo: *En Dios pondré mi esperanza, y todavía lo alabaré. No importa si me apetece o no. ¡Dios es mi fuente, y yo pondré mi esperanza en Él!* Ignoró su estado de ánimo y decidió esperar en la única Fuente que lo podía sostener. David había experimentado el poder liberador de Dios en el pasado, y sabía que Dios es fiel.

No puedo empezar a contar el número de veces en que Dios ha mostrado su fidelidad a mi vida, y usted probablemente puede decir lo mismo. ¿Por qué deberíamos desperdiciar nuestro tiempo dependiendo de algo tambaleante? Pongamos nuestra esperanza en la fuente correcta y evitémonos muchas decepciones.

Cómo luce la esperanza

Las Cataratas del Niágara es uno de los paisajes más asombrosos de toda América del Norte. Aun y cuando no haya estado allí usted mismo, sin duda ha sido testigo de su majestad en la televisión o en fotografías. La poderosa corriente del río y la ensordecedora caída del agua son verdaderamente impresionantes. ¡La maravilla y belleza del mundo que Dios creó jamás deja de asombrarme!

Creo que una de las cosas más fascinantes de las Cataratas del Niágara es el hecho de que las cataratas nunca se secan. Más de 6 millones de pies cúbicos (169900 m^3) de agua caen por las cataratas cada minuto,[1] y esto es sin fin. No hay un día en el que el Niágara deje de correr ni en el que los responsables del parque envíen a todos de regreso a casa a esperar a que resurtan el agua. Minuto tras minuto, hora tras hora, día tras día, el agua continúa fluyendo.

Si usted ha visitado las Cataratas del Niágara usted sabe que no puede estar en los alrededores sin ser afectado. Si está acercándose al parque, incluso antes de verlo, lo puede escuchar. El sonido del agua que cae sobre las rocas debajo es extremadamente fuerte. Y cuando uno comienza a acercarse, empieza a sentir la brisa. El rocío de la cascada está suspendido en el aire, y cualquiera que se encuentra cerca de esta belleza natural en cualquier dirección termina empapado. Es una maravilla sin fin que impresiona a todas las personas que entran en contacto con ella.

Esto dibuja una imagen excelente de lo que puede ser la esperanza en su vida. Como un río que jamás se ha secado, la esperanza sigue fluyendo. Usted puede nadar en ella, beberla, compartirla con otros; no importa cuántas veces tome de ella, no puede agotarla. Proverbios 23:18 promete que su esperanza "no será destruida". Esto significa que jamás habrá un momento en el que acuda al río de la esperanza y que encuentre un lecho seco. Como Dios es eterno, la esperanza en Él brota eterna. Cada día de su vida, usted puede acudir a Él, lleno de fe y esperanza confiando en que Él va a proveer lo que usted necesita.

La esperanza no solamente es un río que nunca se seca, la

esperanza es una cascada que afecta a todos los que se acercan a ella. Usted puede escucharla, verla y sentirla en el aire a su alrededor. Cuando está rebosando de esperanza, no solamente impacta su vida, sino a todos los que están a su alrededor. Su esperanza los salpica. Entre más entran en contacto con usted, más escuchan el rugido de la catarata y sienten la humedad en el aire. No pasa mucho tiempo antes de que comiencen a decir: "Quiero ser como usted. Hay algo diferente en usted. Me siento esperanzado cuando hablo con usted".

Cuando despierte cada mañana, creyendo en Dios que algo bueno sucederá en su vida, piense en las cataratas. Cada vez que se sienta tentado a desanimarse o a renunciar al sueño en que Dios puso en su corazón, piense en la catarata. Y cada vez que haya personas a su alrededor que necesiten ánimo, piense en la cascada. La esperanza no es un goteo. La esperanza no es un arroyo. La esperanza es una poderosa catarata por la que la gente cruza el mundo para venir y experimentarla.

¿Qué va a creer?

Un mundo crítico y cínico constantemente le advertirá que no se haga muchas esperanzas. Le van a decir: "Las cosas no funcionaron en el pasado", o: "No te pongas en posición para que te decepcionen". Es probable que lo insten a ser "razonable" y a no esperar mucho, pero Dios nos dice que esperamos más de lo que podría ser razonable. ¡Él quiere que esperemos *más* que lo suficiente!

Quiero alentarlo a hacer justo lo opuesto de lo que el mundo haría. No permita que su mente carnal gobierne su vida. Renueve su mente conforme a la Palabra de Dios y aprenda a pensar como Dios piensa. En cada capítulo de este libro, hemos visto Escrituras y promesas de Dios alentándolo a esperar lo mejor en su vida. Hemos visto ejemplos bíblicos. Hemos escuchado las historias de personas ordinarias como usted y como yo: hombres y mujeres que se atrevieron a esperar que Dios cumpliría sus promesas. La pregunta que se debe hacer es: ¿Qué decisión voy a tomar? ¿Va a escoger la esperanza o la desesperanza? ¿Está listo para vivir con una feliz expectativa de que algo bueno va a suceder hoy en usted, a través de usted, para usted, para su familia, en sus hijos, en el mundo, a sus amigos, en sus circunstancias, en su centro de trabajo, en la escuela, en el gobierno, etcétera? Una cosa es segura: La desesperanza y la negatividad jamás mejorarán nada, pero si hay alguna posibilidad de que la esperanza y la fe en Dios sí funcionan, entonces ¿por qué no querer intentarlo?

Una de las mentiras más audaces que el enemigo le va a decir para evitar que viva en el poder de la esperanza es que no se lo merece. *No se merece pedirle a Dios más. No se merece creer que Él le dará lo mejor que tiene. No se merece disfrutar su vida porque ha cometido demasiados errores a lo largo del camino.* El mundo, la carne y el diablo le recordarán sus faltas y sus fracasos, sus pecados y sus fallas, y la condenación tratará de evitar que usted se acerque a Dios con un corazón esperanzado.

La verdad es esta: Usted no se merece la esperanza...y tampoco yo. Ambos nos hemos equivocado demasiadas veces; y si la esperanza dependiera de nuestra propia justicia, nos quedaríamos cortos de obtenerla. Pero el poder del evangelio es que cuando Dios nos ve, no ve nuestros fallidos intentos de justicia; en lugar de ello, ve la obra perfecta de la justicia de Jesús. Cuando todavía estábamos en medio de nuestros pecados, quebrantados y apartados de Dios, Jesús vino y pagó el precio por nosotros. Su muerte pagó por cada pecado, cada error, cada falla y cada fracaso. No hay manera en que podamos ganarnos cualquier cosa que Dios nos ha dado, pero Dios lo sabía, así que por eso no nos pide que lo hagamos. Se nos ha dado esperanza, no porque hayamos pagado por ella, sino porque Jesús lo hizo. Y su pago fue más que suficiente.

> *Se nos ha dado esperanza, no porque hayamos pagado por ella, sino porque Jesús lo hizo. Y su pago fue más que suficiente.*

La esperanza trae...

Un sentir de placer.

Un cambio positivo en su estado de ánimo. Libertad
      de la depresión.

El deseo de volver a soñar.

Una promesa de mejores días por delante.

La suavidad de un corazón endurecido.

Un espíritu refrescado.

Motivación para alcanzar sus metas.

Energía para su alma.

Calma a su mente y sus emociones.

Libertad de la preocupación.

Libertad del temor.

Que disfrutemos de la vida.

Paciencia mientras está esperando.

Confianza que evita que se rinda.

La seguridad de que cualquiera y cualquier cosa
      pueden cambiar.

Un recordatorio de que Dios está en control.

Emoción por lo desconocido.

Confianza de que nunca es demasiado tarde para
      comenzar de nuevo.

Darse cuenta de que no está solo.

Esta es solamente una pequeña parte de lo que la esperanza trae, pero para ser honesta, incluso si viviendo con esperanza ninguna de estas cosas sucedieran, ¡la esperanza todavía vale la pena tenerse porque será más feliz con ella de lo que podría ser sin ella!

¡Siga adelante y viva con esperanza!

No hay límite o restricción para la esperanza. Entre más crea, más se complace Dios. Pero recuerde: la esperanza es solamente tan fuerte como su fuente. Si su esperanza se encuentra en una persona, en un trabajo o en su propia fuerza y habilidad, se hallará infeliz y frustrado. Todas estas cosas tienen limitaciones, pero Dios no; déjelo ser la fuente de su esperanza. Hoy, me pasé el día cantando un himno escrito en 1834 por Edward Mote:

> Mi esperanza está basada en nada menos
> Que en Jesucristo, mi justicia;
> No me atreveré a confiar en la estructura más dulce,
> Sino que me recargaré completamente en el nombre
>   de Jesús.
>
> En Cristo, la Roca sólida, estoy;
> Todo otro terreno es arena movediza,
> Todo otro terreno es tierra movediza.
>
> Cuando la oscuridad vela su hermoso rostro,
> Descanso en su gracia inmutable;
> En cada alto y tormentoso vendaval,
> Mi ancla se sostiene más allá del velo.
>
> Su juramento, su pacto, su sangre,
> Me soportan en la inundación que anega;
> Cuando todo lo que rodea mi alma se derrumba,
> Entonces Él es toda mi esperanza y sostén.
>
> Cuando el venga con el sonar de la trompeta,
> Oh, que en Él entonces sea encontrado;
> En Él, mi justicia, sola.
> Para estar sin falta delante del trono.[2]

¡Siga adelante y viva con esperanza! No hay razón por la cual no hacerlo. Únase a los millones de otros que han tomado del desafío de vivir con esperanza a lo largo de los siglos ¡y nunca se han arrepentido de haberlo hecho!

EPÍLOGO

Comenzamos el primer capítulo de este libro hablando de "Betty malas noticias". Pobre Betty, ella era un desastre, ¿no es así? Aunque tenía una familia excelente y pensaba que verdaderamente amaba al Señor, tenía muy poca esperanza. Betty no tenía una expectativa feliz de que fueran a suceder cosas buenas; ella tenía una expectativa desalentadora de que las cosas malas eran inevitables. En lugar de suponer lo mejor, Betty se preparaba para lo peor...y esto estaba afectando su vida.

Betty vivía frustrada, preocupada, agobiada o desalentada; quizá pueda identificarse con ella algunos días. Probablemente usted ha luchado en ocasiones para experimentar realmente la vida abundante, vencedora y llena de alegría por la que Jesús murió para darle. Posiblemente usted compró este libro porque el título le sonaba como a buenas noticias y lo que usted necesitaba desesperadamente eran buenas noticias.

Bueno, quiero tomar un momento para hablar con usted en un nivel personal. Mire, yo tengo grandes esperanzas para usted. Creo que Dios lo va a liberar de las pesadas cadenas del "No puedo" y del "Es demasiado tarde", para que pueda remontarse sobre las alas del "Sí puedo" y del "No hay mejor momento". Tengo la expectativa feliz de que usted va a dejar el desánimo y el desaliento de su pasado donde pertenece: en el pasado, y que va a correr hacia la promesa de su futuro.

No sé exactamente por lo que esté pasando mientras lee estas palabras. Las cosas podrían estar marchando excelentemente, y usted podría estar emocionado por una nueva aventura u oportunidad. O probablemente, está apenas pasándola, conformándose con lo "suficientemente bueno" y pensando: *Ya no puede ponerse mucho peor.* O es posible que esté sufriendo tan profundamente que se pregunta si el dolor alguna vez se va a ir.

Sin importar el desafío que está enfrentando hoy—sin importar lo grande o pequeño—es momento de volver a tener esperanza. Es tiempo de esperar favor. Es momento de esperar victoria. Es tiempo de esperar felicidad. El obstáculo delante de usted es una oportunidad para que Dios haga algo sorprendente en su vida. Usted no va a perder; Dios está de su lado y Dios está invicto.

Así que levántese y siga adelante. Eleve su nivel de expectación Rehúsese a conformarse con lo "bueno" cuando se le ha prometido lo "excelente". Hoy es un nuevo día en su vida; y un nuevo día es un momento perfecto para vivir con esperanza.

NOTAS

Capítulo 1: Eleve su nivel de expectación

1. Fuente desconocida; encontrado en http://storiesforpreaching .com/category/sermonillustrations/hope/.

Capítulo 2: Siga al líder

1. James Brown, Evangeline Baptist Church, Wildsville, LA, en *Discoveries* [Descubrimientos], Vol. 2, No. 4 (Otoño 1991).

Capítulo 3: Identifique y elimine cada "no puedo"

1. http://www.ihaveadreamfoundation.org/html/history.htm; http://www.sermonillustrations.com/a-z/h/hope.htm.

2. *Today in the Word* [Hoy en la Palabra], MBI, 18 de diciembre de 1991.

Capítulo 4: La energía de la esperanza

1. Citado en Joyce Meyer, "Doing Your Best with What You Have" [Haga lo mejor con lo que tenga], http://www.joyce meyer.org/articles/ea.aspx?article=doing_your_best_with _what_you_have.

Capítulo 9: Siga avanzando

1. Debra S. Larson, "Blind Skier Sets Goals on Disabled Olympics" [Esquiador ciego establece metas para juegos para-límpicos] 5 de febrero de 1987, http://articles.latimes.com /1987-02-05/news/vw-1122_1_water-skiing.

Capítulo 10: Busque lo bueno en todo

1. Fuente desconocida, "Attitude" [Actitud], http://www.sermon illustrations.com/a-z/a/attitude.htm.

2. "Esperanza", http://www.sermonillustrations.com/a-z/h/hope.htm.

Capítulo 11: Cautivos de la esperanza

1. *Bits & Pieces* [Trozos y pedazos], julio 1991.

Capítulo 12: Sea la respuesta de la oración de alguien

1. Gary Morsch y Dean Nelson. *The Power of Serving Others: You Can Start Where You Are* [El poder de servir a otros: Usted puede comenzar donde está] (San Francisco: Barrett-Koehler Publishers, Inc., 2006), 19-21.

2. Citado en *Today in the Word* [Hoy en la Palabra], 6 de marzo de 1991.

Capítulo 14: No espere para mañana

1. "Misery Dinner" [Cena de la miseria], Christopher News Notes, agosto de 1993, http://www.sermonsearch.com/sermon -illustrations/1185/misery-dinner/.

Capítulo 16: La decisión es suya

1. "Fasten Your Seat Belts" [Abroche su cinturón] http://www .beafriar.com/New%20Projects%202012/Our%20Father%20 is%20the%20Pilot.pdf.

2. Steve Goodier, revista *Quote* en *Reader's Digest* (mayo 1990).

Capítulo 17: Que la esperanza rebose

1. "Niagara Falls Geology Facts & Figures" [Información geológica y cifras de las Cataratas del Niágara] http://www.niagara parks.com/about-niagara-falls/geology-facts-figures.html.

2. "My Hope Is Built on Nothing Less" [Mi esperanza no está construida en nada menos], http://www.hymnal.net/en/hymn/ h/298#ixzz31E5ASKsi.

VERSÍCULOS BÍBLICOS ADICIONALES
ACERCA DE LA ESPERANZA

Las páginas de este libro están llenas de escrituras que hablan acerca de esperanza, pero he elaborado una lista abajo para ánimo adicional.

Esperanza para la vida diaria

Por tanto, digo: "El Señor es todo lo que tengo. ¡En él esperaré!".

Lamentaciones 3:24

Alégrense en la esperanza, muestren paciencia en el sufrimiento, perseveren en la oración.

Romanos 12:12

Ahora bien, la fe es la garantía de lo que se espera, la certeza de lo que no se ve.

Hebreos 11:1

Más bien, honren en su corazón a Cristo como Señor. Estén siempre preparados para responder a todo el que les pida razón de la esperanza que hay en ustedes.

1 Pedro 3:15

Porque para Dios no hay nada imposible.

Lucas 1:37

Pero el Señor cuida de los que le temen, de los que esperan en su gran amor.

Salmo 33:18

Así tú, Israel, espera al Señor. Porque en él hay amor inagotable; en él hay plena redención.

Salmo 130:7

De hecho, todo lo que se escribió en el pasado se escribió para enseñarnos, a fin de que, alentados por las Escrituras, perseveremos en mantener nuestra esperanza.

Romanos 15:4

Sostenme conforme a tu promesa, y viviré; no defraudes mis esperanzas.

Salmo 119:116

Que tu gran amor, Señor, nos acompañe, tal como lo esperamos de ti.

Salmo 33:22

Acuérdate de la palabra que diste a este siervo tuyo, palabra con la que me infundiste esperanza.

Salmo 119:49

Pido también que les sean iluminados los ojos del corazón para que sepan a qué esperanza él los ha llamado, cuál es la riqueza de su gloriosa herencia entre los santos.

Efesios 1:18

Lo hizo así para que, mediante la promesa y el juramento, que son dos realidades inmutables en las cuales es imposible que Dios mienta, tengamos un estímulo poderoso los que, buscando refugio, nos aferramos a la esperanza que está delante de nosotros.

Hebreos 6:18

Así de dulce sea la sabiduría a tu alma; si das con ella, tendrás buen futuro; tendrás una esperanza que no será destruida.

Proverbios 24:14

Pero algo más me viene a la memoria, lo cual me llena de esperanza: El gran amor del Señor nunca se acaba, y su compasión jamás se agota

Lamentaciones 3:21-22

Esperando tu salvación se me va la vida. En tu palabra he puesto mi esperanza.

Salmo 119:81

Tú eres mi escondite y mi escudo; en tu palabra he puesto mi esperanza.

Salmo 119:114

Los que te honran se regocijan al verme, porque he puesto mi esperanza en tu palabra.

Salmo 119:74

Por medio de él ustedes creen en Dios, que lo resucitó y glorificó, de modo que su fe y su esperanza están puestas en Dios.

1 Pedro 1:21

Deseamos, sin embargo, que cada uno de ustedes siga mostrando ese mismo empeño hasta la realización final y completa de su esperanza.

Hebreos 6:11

Que nuestro Señor Jesucristo mismo y Dios nuestro Padre, que nos amó y por su gracia nos dio consuelo eterno y una buena esperanza, los anime y les fortalezca el corazón, para que tanto en palabra como en obra hagan todo lo que sea bueno.

2 Tesalonicenses 2:16-17

Y esta esperanza no nos defrauda, porque Dios ha derramado su amor en nuestro corazón por el Espíritu Santo que nos ha dado.

Romanos 5:5

Yo, Señor, espero tu salvación y practico tus mandamientos.

Salmo 119:166

En efecto, si trabajamos y nos esforzamos es porque hemos puesto nuestra esperanza en el Dios viviente, que es el Salvador de todos, especialmente de los que creen.

1 Timoteo 4:10

Esperanza para salvación

¡Alabado sea Dios, Padre de nuestro Señor Jesucristo! Por su gran misericordia, nos ha hecho nacer de nuevo mediante la resurrección de Jesucristo, para que tengamos una esperanza viva.

1 Pedro 1:3

Así lo hizo para que, justificados por su gracia, llegáramos a ser herederos que abrigan la esperanza de recibir la vida eterna.

Tito 3:7

En verdad, Dios ha manifestado a toda la humanidad su gracia, la cual trae salvación y nos enseña a rechazar la impiedad y las pasiones mundanas. Así podremos vivir en este mundo con justicia, piedad y dominio propio, mientras aguardamos la bendita esperanza, es decir, la gloriosa venida de nuestro gran Dios y Salvador Jesucristo.

Tito 2:11-13

Nuestra esperanza es la vida eterna, la cual Dios, que no miente, ya había prometido antes de la creación.

Tito 1:2

Nosotros que somos del día, por el contrario, estemos siempre en nuestro sano juicio, protegidos por la coraza de la fe y del amor, y por el casco de la esperanza de salvación.

1 Tesalonicenses 5:8

A causa de la esperanza reservada para ustedes en el cielo. De esta esperanza ya han sabido por la palabra de verdad, que es el evangelio.

Colosenses 1:5

Si la esperanza que tenemos en Cristo fuera sólo para esta vida, seríamos los más desdichados de todos los mortales. Lo cierto es que Cristo ha sido levantado de entre los muertos, como primicias de los que murieron.

1 Corintios 15:19-20

Joyce Meyer es una de las maestras de la Biblia líderes en el mundo. Su programa diario, *Disfrutando la vida diaria*, se transmite por cientos de canales de televisión y estaciones de radio en todo el mundo.

Joyce ha escrito más de 100 libros inspiradores. Algunos de sus superventas son: *Dios no está enojado contigo; Cómo formar buenos hábitos y romper malos hábitos; Hazte un favor a ti mismo…perdona; Vive por encima de tus sentimientos; Pensamientos de poder; El campo de batalla de la mente; Luzca estupenda, siéntase fabulosa y Mujer segura de sí misma.*

Joyce viaja extensamente, teniendo congresos a lo largo del año, hablando a miles de personas alrededor del mundo.

DIRECCIONES DE CORREO DEL JOYCE MEYER
MINISTRIES EN EE.uu. Y EL MUNDO

Joyce Meyer Ministries
P.O. Box 655
Fenton, MO 63026
USA
(636) 349-0303

Joyce Meyer Ministries—Canadá
P.O. Box 7700
Vancouver, BC V6B 4E2
Canada
(800) 868-1002

Joyce Meyer Ministries—Australia
Locked Bag 77
Mansfield Delivery Centre
Queensland 4122
Australia
(07) 3349 1200

Joyce Meyer Ministries—Inglaterra
P.O. Box 1549
Windsor SL4 1GT
United Kingdom
01753 831102

Joyce Meyer Ministries—Sudáfrica
P.O. Box 5
Cape Town 8000
South Africa
(27) 21-701-1056

OTROS LIBROS DE JOYCE

El campo de batalla de la mente
(más de tres millones de ejemplares vendidos)

Dios no está enojado contigo

Cómo formar buenos hábitos y romper malos hábitos

Hazte un favor a ti mismo…perdona

Pensamientos de poder

Vive por encima de tus sentimientos

Come la galleta…compra los zapatos

Mujer segura de sí misma

Adicción a la aprobación

La revolución de amor

Devocionales

Termina bien tu día

Empezando tu día bien